부자들은 모두
은행에서 출발한다

| 뻔한 월급으로 시작하는 무적의 재테크 |

부자들은 모두 은행에서 출발한다

B형 은행원 지음

알에이치코리아

세상은 무한한 가능성이
숨겨진 잔디밭

나는 계산을 하고 있었다. 당시 내가 매진했던 계산은 두 가지였다. 내 뱃속에는 불과 4시간 전까지 들이부은 술이 그대로 남아 있었다. 그 녀석들이 지금 다시 튀어나오겠다고 뱃속에서 아우성을 치고 있었다. 나는 과연 15개의 지하철역을 지나 사무실에 입성할 수 있을까? 그렇다면 지각은 아니다. 나는 아무 일 없던 것처럼 컴퓨터를 부팅하고 화장실에 가서 토할 수 있다. 그다음 양치를 하고 타이레놀 두 알과 아이스 아메리카노를 한 잔 마시면 그럭저럭 하루를 버틸 수 있을 것이다.

그러나 견딜 수 없다면 중간에 내려 화장실에서 토한 뒤 출근해야 하는데, 그러면 8분 정도 지체된다. 지각도 지각이지만 그 몰골로 만원 지하철과 회사 로비, 엘리베이터를 통과해야 한다. 그 순간 누군가 내게 말을 붙이는 상황은 상상도 하고 싶지 않다. 저번에 그 상태로 본부장과 같이 엘리베이터를 탔던 적이 있다. 내 온몸에서 알싸한 알코올 냄새가 났을 것이다. 나는 어금니 사이에 고이는 신침을 삼키며 시간이 빨리 지나가기만을 간절히 바랐다. 머리가 빠개질 것 같았다. 다시 그놈들과 술을 마시면 사람이 아니라고 생각하지만 어쩔 수 없다. 나는 접대를 하는 쪽이다. 부르면 가서 부어주는 대로 뱃속에 쏟아 넣어야 하는 '을'인 것이다.

출근길 얼어붙은 한강 위로 쏟아지는 햇살은 분명 장관이었을 것이다. 그러나 1호선 창밖에 펼쳐진 경치 같은 건 기억나지 않는다. 아이의 첫걸음마, 함께했던 첫 산책 같은 것도 기억이 잘 나지 않는다. 당시에 찍은 사진들을 보면 내 삶에 이런 순간이 있었던가 싶다. 노동은 내 삶에 깃든 모든 섬세하고 아름다운 것들을 가차 없이 박살 내버렸다.

어떤 미래는 투명한 구슬처럼 단단하고 명료하게 고정되어 있다. 만취하지 않은 날의 지하철에서 나는 훨씬 더 먼 미래를 계산하곤 했다. 나는 가방에 들어있는 Ba2-Plus 계산기를 꺼내 미래를 계산해 봤다. 저축액의 추세와 자산, 예상 수익률, 은퇴 시점을 알고 있다면 어려운 일은 아니다. 내가 계산한 내 미래는 이렇게 요약된다.

'지금부터 20년 후 나는 ##억 원을 가지고 은퇴한다.'

적은 돈은 아니다. 다만 문제가 있었다. 이 계산의 전제 조건은 30대부터 50대까지 내 삶의 가장 빛나는 순간을 통째로 노동의 제단에 바치는 것이다. 당장 앞으로의 13시간도 버틸 자신이 없는데 20년을 견딘 뒤 내 손에 남는 돈이 고작 이거라니. 납득할 수 없었다. 나는 지하철에서 이 계산을 끊임없이 되풀이했지만, 결과는 꿈쩍도 하지 않았다. 지금 내가 경험하는 모든 고통은 결국 20년 후의 ○○억 원으로 등가 교환되도록 정해져 있다.

괜찮은 척할 수 있다. 미래의 자산을 어느 정도 포기하는 융통성을 발휘해 현재 삶의 질을 약간 올릴 수도 있다. 그러나 본질은 하나도 변하지 않는다. 노동은 망치다. 내 삶의 온갖 좋은 것들을 박살 내고 있었다. 나는 정해진 미래를 향해 살아가고 있었다. 술을 마시지 않은 날의 출근길에도 나는 토할 것 같은 기분을 느끼곤 했다.

나는 현실을 잊기 위해 책을 읽었다. 책은 일종의 진통제였다. 책을 읽는 동안에는 앞으로 이어질 20년에 관한 걱정을 잊을 수 있었다. 당시의 내가 이전에는 관심도 없었던 책들에 머리를 처박고 문장들을 씹어 삼킨 것은 그만큼 고통스러웠기 때문이다. 그러다 문득 발견했다. 세상에는 출근길 만성 구토 증후군에 꽤나 강력한 진통 효과를 발휘하는 책들이 존재한다는 것을. 어쩌면 이 책들은 실질적인 치료 효과가 있는 것일지도 모른다. 꽤 오랜 시간이 지났

부자들은 모두 은행에서 출발한다

지만 지금까지도 이 책들은 나의 현실 면역 체계에 영향을 미치고 있다.

가장 탁월했던 책은 엠제이 드마코MJ DeMarco의 《부의 추월차선》이었다. 엠제이는 내가 지금처럼 직장에서 돈을 벌고 저축을 해서 부자가 되려는 생각이 얼마나 미련한지 말해주었다. 거래의 대가가 삶 그 자체라면, 20년 뒤에 얼마나 많은 돈을 축적하든 그것은 실패한 거래라고 말이다. 우리는 얼마든지 다른 종류의 거래를 할 수 있다. 그 거래의 이름은 '부의 추월차선'이다.

엠제이의 추월차선은 하나의 웹서비스다. 한때 리무진 기사로 근근이 먹고 살았던 엠제이는 대기 시간에 프로그래밍 공부를 했다. 그리고 자신의 경험을 바탕으로 리무진을 임대해 주는 웹서비스를 구현했다. 서비스 원칙은 '고객의 불만이 섞인 이메일에 10분 이내로 회신하는 것'이었다. 그는 주말도 휴식도 없이 일했다. 그 결과 서비스 유지를 위해 필요한 노동 시간이 점차 감소했고 수입은 계속 증가했다. 그렇게 그는 원하는 만큼 일할 수 있게 되었다. 모든 업무에 대한 완벽한 통제력과 두둑한 수입을 함께 가진 채 말이다. 엠제이는 자신의 경험을 토대로 이 거래가 가능한 이유와 거래를 성취하는 방법을 책에 아주 잘 기술해 놓았다.

개념을 표현하는 용어는 다르지만 동일한 이야기를 하는 책이 또 존재한다. 가장 유명한 책은 로버트 기요사키Robert T. Kiyosaki의 《부자 아빠 가난한 아빠》일 것이다. 이 책에서 기요사키가 말하는

'파이프라인'은 엠제이의 부의 추월차선과 동일한 개념이다. 피터 틸Peter Thiel의 《제로 투 원》이라는 책도 있다. 피터 틸이 이야기하는 '세상을 바꾸자는 작당' 또한 결국 앞의 두 개념과 다르지 않다.

나는 미래와 가능성에 관하여 이야기하는 이런 책들을 좋아한다. 앞으로 펼쳐진 미래가 고정되지 않았다는 사실 그 자체가 큰 위안이 되기 때문이다. 그에 더해 어쩌면 앞으로 펼쳐질 미래가 장밋빛일 수 있다는 이야기들은 달콤하게 느껴진다. 나는 출근길에 구토감을 느끼는 사람들에게 이 세 권의 책을 추천하고 싶다. 내게는 분명 꽤나 강력한 진통과 치료의 효과가 있었다.

그러나 염두에 두어야 할 것이 있다. 구토 완화에는 갈증이라는 부작용이 반드시 따른다는 점이다. 이전까지 나는 괴로움의 이유를 직장에서의 부당함과 정해진 미래에 관한 불만으로 돌릴 수 있었다. 그러나 책들을 읽은 다음에는 그럴 수가 없었다. 내 비참함은 나의 무능과 게으름의 결과로, 받아 마땅한 형벌인 것이다.

세상은 무한한 가능성이 숨겨진 잔디밭이다. 나는 이곳으로 소풍을 나와 보물찾기 놀이를 하는 중이다. 지금 이 순간도 저 멀리 어디선가 보물을 찾아낸 누군가가 지르는 환호성이 들린다. 보물이 이곳에 널려 있음은 분명하다. 그러므로 만약 내가 지금 이곳에서 아무것도 찾아내지 못한다면 그것은 오로지 나의 책임이다. 이제 내게는 숨을 곳이 없다.

책들은 모두 세상에 보물이 가득 숨겨져 있으며 그것이 얼마나 숨 막히도록 가치 있는 것인지 세심하게 설명한다. 그러나 정작 보물이 어디에 숨겨져 있는지는 말하지 않는다. 아울러 보물을 찾는데 실패한 사람들에 관해서도 말해주지 않는다. 세상에 어떻게 실패라는 것이 존재할 수 있냐는 듯 완벽하게 침묵한다.

그들처럼 나도 보물을 찾고 싶었다. 작은 돌을 뒤집는 것은 의미가 없었다. 나는 숨겨져 있을 보물을 찾기 위해 큰 돌을 뒤집어야 했다. 하지만 엄두가 나지 않았다. 큰 돌 밑에서 보물을 찾은 사람들의 이야기를 들을 때마다 나는 목이 탔다. 구토감은 사라졌다. 그러나 갈증이 남았다.

갈증이 치밀 때마다 나는 20대로 돌아가는 상상을 했다. 그때로 돌아간다면 무엇이든 할 수 있을 것 같았다. 다시 한번 기회가 주어진다면 나는 정말로 거대한 돌을 뒤집고 멋진 보물을 찾아낼 수 있으리라. 독점적 시장을 보유한 스타트업을 만들거나, 구독자가 100만 명이 넘는 유튜브 채널을 만들었을지도 모른다. 나는 20대의 내가 뒤집었을 수많은 돌을 헤아리며 잠들곤 했다.

그러나 결국은 깨닫는다. 지나간 시간은 돌릴 수 없다는 것을. 그리고 나이를 더 먹을수록 내가 뒤집을 수 있는 돌은 점점 더 작아진다는 사실을. 일단 나는 더 늦기 전에 내가 뒤집을 수 있는 돌을 뒤집기로 했다. 아무리 보잘것없어도 상관없었다. 재테크에 관한 글을 쓰는 것은 내 능력으로 뒤집을 수 있는 가장 커다란 돌이었다.

이 돌 뒤에 숨은 것이 보잘것없으리란 사실을 알고 있다. 글을 쓰는 것은 인간이 할 수 있는 일 중 가장 채산성이 낮은 행위일 테니까 말이다. 하지만 아무리 크고 근사해 보이는 돌도 뒤집을 수 없다면 소용이 없다. 재테크에 관한 글을 쓰는 것은 지금 당장 뒤집을 수 있는 내 돌이었다. 나는 돌을 뒤집으면서 문득 깨달았다. 내가 구토를 느낀 것은 내 삶이 고작 돈과 인내, 늙음으로 구성된 방정식일 뿐이란 것을 받아들일 수 없어서였다. 그러나 이제 나는 그 거지 같은 방정식에 침을 뱉는 방법을 알고 있다.

돌을 뒤집는 가장 큰 목적은 보물을 찾기 위해서다. 그러나 돌을 뒤집는 일은 의미 없던 시간에 의미를 되찾아 주기도 한다. 예를 들어 지난 1년 동안 내게는 내 글이 많은 사람에게 읽히는 경험이 생겼다. 누구에게도 공감받지 못할 것 같았던 생각들에 "재미있네요"라는 댓글이 달렸다. 이런 것들이 지나간 시간에 의미를 부여했다. 물론 노동의 강도와 부조리함은 변함없이 존재했다. 그러나 돌아보았을 때 노동과 돌 뒤집기가 버무려진 그 시간들에서는 쓴맛과 신맛, 산뜻한 과일 향이 잘 로스팅된 예가체프 원두 향이 났다.

우리가 해야 할 유일한 일은 지금 뒤집을 수 있는 돌을 뒤집는 것이다. 가급적 가까운 곳의 돌이 좋다. 아무것도 없으리란 생각이 들더라도 일단 뒤집어야 한다. 그 뒤에는 종이가 한 장 놓여 있을 것이다. 보물도 꽝도 아닌 그 종이의 이름은 실마리다. 이 게임에 완벽한 돌이 존재하지 않듯 꽝도 존재하지 않는다. 그러므로 어떤 돌을 뒤집든 실마리라는 보상이 반드시 주어진다.

부자들은 모두 은행에서 출발한다

나는 그 실마리를 따라다니며 돌을 뒤집고 있다. 내게 있어 그 실마리는 다음에 쓰고 싶은 글감이며, 출판사의 출간 제안이며, 오랫동안 만나지 못했던 인연이며, 얼토당토않게 떠오르는 사업 아이디어며, 이전에는 생각하지 못했던 즐거움 같은 것들이었다. 어쩌면 내가 앞으로 뒤집을 모든 돌에 보물 같은 건 아예 없을지도 모른다. 그러나 상관없다. 실마리를 따라가는 여정은 그 자체로 가치가 있었다. 나는 당신이 그중 하나를 뒤집고 실마리를 따라가 보기를 바란다. 분명 당신에게도 그 여정은 즐거울 것이다. 어쩌면 그 끝에는 상상도 못한 보물이 묻혀 있을지 모른다. 당신과 나에게 그런 기적 같은 일이 벌어지기를, 나는 진심으로 바란다.

나의 미래 계획은 아래의 4줄로 요약된다. 이것은 앞으로 내가 살아갈 인생의 전부이며 재테크에 관해 내가 생각하는 궁극의 답이다. 나는 모든 사람에게 이것이 좋은 계획이 될 것이라고 생각한다.

1. 회사에 열심히 다닌다.
2. 검소하게 산다.
3. 돈을 꾸준히 모으고 투자한다.
4. 끊임없이 돌을 뒤집는다.

회사에 다니며 검소하게 살고 돈을 꾸준히 모은다면, 누구나 은퇴할 시점에 어느 정도의 자산을 구축할 수 있다. 그리고 그 시점까지 돌을 계속 뒤집으며 살아온 사람에게 은퇴는 두렵거나 비참한 무언가가 될 수 없다. 그에게 은퇴란 즐겁고 설레는 무언가가 되어 있을 것이다. 이때 자산의 크기는 개인의 행복에 아무런 영향을 미치지 못한다. 그리고 그렇게 성실히 인생의 전반을 살아온 사람에게 직장에서의 시간은 분명 의미 있을 것이다. 기쁜 마음으로 좋았던 기억들을 한가득 떠올릴 수 있을 것이다. 물론 우연히 뒤집은 돌 뒤에서 어마어마한 보물이 나타나는 것 또한 얼마든지 가능하다.

초등학생 시절 학교 인근의 호숫가로 소풍을 간 기억이 난다. 호루라기가 울렸다. 나는 한구석에 가방을 내팽개친 채 선생님이 숨겨놓은 보물을 찾기 위해 뛰어다녔다. 그러나 실패했다. 보물을 찾고 기뻐하는 친구들을 보며 씁쓸했던 기억이 지금도 선명하다. 그때나 지금이나 나는 보물찾기에 영 재능이 없는 모양이다.

그럼에도 나는 즐거웠다. 나는 보물찾기 말고도 선생님이 사용하던 은색 호루라기, 친구들과 동그랗게 앉아서 했던 수건돌리기, 호수까지 걸어오면서 보았던 오래된 소나무, 엄마가 싸주었던 도시락에 관한 기억을 아직까지 간직하고 있다. 소풍이란 이 모든 것의 총합이다. 보물찾기란 소풍을 구성하는 수많은 요소 중 하나일 뿐이다. 보물찾기에 실패했다고 소풍이 즐겁지 않을 이유는 없다.

소풍의 목적은 보물찾기가 아니다. 소풍의 목적은 봄날의 한순간을 완벽한 경험으로 채우는 것이다. 나는 삶의 목적 또한 다르지 않다고 생각한다. 그러나 보물찾기가 소풍의 일부인 이상 호루라기

부자들은 모두 은행에서 출발한다

소리가 울리면 있는 힘을 다해 돌을 뒤집어야 한다. 보물이 없다면 서둘러 다른 돌을 찾아 달려가면 된다. 그때 당신의 마음속에는 실망보다는 설레는 마음이 더욱 클 것이다. 즐거울 것이다. 그 설렘과 내딛는 달리기가 보물찾기의 본질이다.

그리고 선생님이 다시 호루라기를 불면 수건돌리기가 시작된다. 뒤를 더듬어 보면 누군가 놓고 간 수건이 있을 것이다. 그것을 들고 다시 있는 힘껏 달린다. 그리고 다시 호루라기가 울리면 그때는 호숫가에 앉아 엄마가 싸준 도시락을 먹는다. 그 도시락에는 문어 모양 소시지가 한가득 들어 있을 것이다. 그때 당신은 알게 될 것이다. 지금 이 순간 당신이 완벽한 봄날을 살아가고 있다는 것을.

삶이란 그 자체로 완벽한 경험이니,
아낌없이 즐기시길.

2020년 여름,
B형 은행원

2 예금은 틀리지 않는다
은행, 모든 재테크의 출발점

3 밑지지 않는 가장 기초의 지식
금융이론

4　누구의 편도 아닌 증권
용감한 주식, 신중한 채권

5 골라보고 맛보고 득 보고
지금 당장 실천 가능한 투자

1

검소함이
삶을 부유하게 한다

부자들의 재테크 제1원칙

나는 스타벅스를 좋아하는 당신이
검소하기를 바란다

나는 스타벅스를 좋아한다. 햇볕이 뜨거운 토요일에는 낮잠을 늘어지게 잔 다음 쾌적한 스타벅스에 간다. 그곳에 앉아서 그동안 미뤄두었던 책을 읽는다. 영화를 봐도 좋고, 글을 써도 좋다. 나는 스타벅스에서 노트북으로 무언가를 분주하게 작업하는 사람들, 공책에 무언가를 열심히 적고 있는 사람들, 책을 읽고 있는 사람들, 멍하니 창밖을 바라보고 있는 사람들, 재잘대며 이야기하는 사람들을 보는 것이 좋다. 그들과 그 서늘한 공간에 함께 있는 것이 좋다. 어쩌면 우리는 비슷한 꿈을 꾸고 있을지 모른다. 우리는 비슷한 사람들일

지도 모른다.

그런데 문제가 하나 있다. '라테 요인'이다. 데이비드 바크David
Bach의 《자동 부자 습관》이라는 책이 있다. 이 작가는 라테 요인이
라는 개념을 통해, 적은 돈을 절약하고 저축한 다음 오랫동안 복리
로 운용함으로써 부자가 될 수 있다는 이론을 설파했다. 아마도 그
는 스타벅스에서 결제할 때마다 대부분의 사람이 아릿하게 느끼는
죄책감의 창시자인 듯하다. 스타벅스를 좋아하는 사람들에게 작은
치유가 되기를 바라며, 나는 지금부터 데이비드 바크의 이론에 반
론을 제기할 생각이다.

라테 요인의 계산 착오

앞으로 시작할 이야기의 주인공을 '별이'라고 부르도록 하자. 별이
는 매일 회사가 끝나면 스타벅스에 가서 5천 원을 내고 카페라테를
마신다. 라테를 마시며 책을 읽고, 글을 쓰고, 사람들과 대화를 나눈
다. 그러던 어느 날 별이가 데이비드 바크의 책을 읽고 라테를 끊겠
다고 결심하는 사건이 벌어진다.

별이가 매일 마시던 라테를 끊고 그 돈으로 매일 5천 원씩 50년
을 저축한다고 하면 50년 후에 얼마나 모을 수 있을까? 연이율
10%를 가정하면 50년 후 그녀는 21억 원을 갖게 된다. 만약 그

녀가 결혼해서 부부가 각자 하루에 한 잔씩의 라테를 저축한다면 50년 후 42억 원에 달하는 돈을 소유하게 된다. 만약 이 부부가 라테에서 그치지 않고 한 달에 300만 원씩 50년을 꾸준히 모으는 데 성공한다면 이들은 50년 뒤 419억 원을 갖게 된다. 이것이 별이가 라테를 끊어야 하는 이유다.

하지만 이 계산에서 한 가지 유념할 게 있다. 어떤 사람이 매년 연평균 10%의 수익을 내는 일이 사실상 어렵다는 것이다. 이런 능력을 갖춘 사람이라면 금융권에서 한 해 동안 최소 수십억 원의 수입을 얻을 수 있을 텐데, 굳이 스타벅스 커피를 참아가며 수십 년을 기다릴 필요가 있을까?

아울러 투자 기간도 조정이 필요하다. 지금처럼 취업 시장이 어려운 상황에서 첫 직장을 얻는 나이는 점점 늘어나고 있다. 반면 회사는 50살이 넘은 직원을 해고하지 않는 것을 일종의 업무 태만으로 생각한다. 군대 다녀오고 휴학했다가 취업 준비 기간까지 거친 대부분의 취업준비생이 첫 월급을 받는 것은 30세 전후한 시점이며, 이들이 근무할 수 있는 기간은 운 좋으면 20년이다. 50년은커녕 20년 동안의 투자 불입조차 현재 상황이라면 지나치게 낙관적인 가정일 수 있다.

마지막으로 인플레이션의 존재다. 라테 요인에서 시간이 지날수록 자산이 급속도로 늘어나는 것은 복리 효과 때문이다. 복리는 경이로운 현상이지만 복리 효과는 단순히 투자 수익률에만 영향을 미치지 않는다. 인플레이션 또한 복리 효과를 받으므로, 별이가 최종적으로 거머쥐어야 할 자산의 가치를 점차 크게 잠식한다.

이런 효과를 모두 보정했을 때 매일 5천 원씩 아껴 모을 수 있는 돈은 그다지 대단한 금액이 아니다. 만약 별이가 앞으로 20년간 매일 스타벅스를 참으며 6%의 복리로 저축을 한다고 해도 20년 뒤 그녀가 가질 수 있는 돈은 7천만 원 수준이다. 여기에 1.5%의 물가상승률을 복리로 적용했을 때 20년 뒤 그녀가 가진 돈의 가치는 5천만 원에 불과하다. 아마도 스타벅스 라테를 끊은 별이는 20년 뒤 평범한 국산 차를 몰거나 5천만 원을 더 보태야 벤츠를 한 대 살 수 있을 것이다.

나는 20년 동안 매일 스타벅스 라테를 마시면서 별이가 생각해왔을 많은 주제와 만들어 낼 수 있는 가치, 느낄 수 있었을 행복의 총량은 벤츠 같은 쇳덩어리와 비교도 할 수 없다고 생각한다. 확신한다. 나는 별이에게 이야기하고 싶다. 배움과 영감을 주는 것에 돈을 아끼지 말라고. 스타벅스가 그것을 준다면 라테를 마시면서 죄책감을 느끼지 말라고 말이다. 더 나이가 들고 책임져야 할 것과 의무가 늘어나면 스타벅스는 어느 순간 가고 싶어도 갈 수 없는 곳이 된다. 휴대폰에 아무리 많은 무료 아메리카노 쿠폰이 쌓여 있어도 말이다.

부자 되기란 원래 요원하다

물론 데이비드가 주장하는 라테 요인은 하나의 상징이다. 10%의 수익률을 그대로 믿을 사람이 없는 것처럼 하루에 5천 원을 저축하면서 부자가 되리라고 기대하는 사람들도 없을 것이다. 대체로 벌이가 중간 수준인 가정은 매월 200만~300만 원 정도를 저축한다. 만약 별이가 결혼을 하고 때때로 스타벅스를 마시며 매월 300만 원을 20년간 모은다고 할 때 20년 뒤 그녀가 가질 돈은 11억 원이다. 물가상승률을 고려하면 8.4억 원가량 된다(투자 수익률 4%, 물가상승률 1.2% 가정).

8.4억 원이 큰돈이라고 느껴지겠지만 별이의 입장도 생각해 보아야 한다. 20년 뒤의 별이는 아마 50살 전후가 될 것이고, 예상되는 수명을 고려하면 40년 정도의 여생을 보낼 집도 필요할 것이다. 그녀가 3억 원짜리 집에서 살면서 남은 돈을 매년 균등하게 헐어서 사용한다고 할 때 별이는 매년 1천 700만 원으로 남은 삶을 살아야 한다. 매년 1천 700만 원을 지출하는 사람을 지칭하는 데 '중산층'보다 적합한 단어는 없다. 중산층에 속하는 사람이 은퇴와 동시에 공인중개사 시험을 보거나 아파트 관리인이 되기 위해 도서관으로 향하는 데는 다 이유가 있다.

이렇게 요약한 별이의 삶은 단조롭고 평화로워 보이지만 실상은 전혀 그렇지 않다. 별이의 중산층 진입은 모든 요인이 완벽하게 작용할 때 가능하다. 우선 대다수의 직장인에게 매월 200만 원 이상 저축은 결코 쉬운 액수가 아니다. 매월 100만 원도 저축하지 못하는 가정이 부지기수다. 설사 매월 200만 원 이상을 저축하는 사람이라도 결혼과 출산을 겪으면 저축액은 급격하게 줄어든다. 아이가 유난히 교육비가 많이 드는 재능을 가지고 태어났을 수 있고, 유학을 원할 수도 있으며, 가족 중 누군가가 돈이 많이 드는 병에 걸릴 수 있고, 한창 일해야 할 나이에 직장에서 쫓겨날 수 있고, 이혼할 수 있고, 기껏 모아둔 돈을 잘못 투자해서 모두 잃을 수도 있다. 한국은행이 물가상승률을 잘 통제하기는커녕 제대로 측정도 못 하다가 경제가 완전히 파탄 나 모든 것을 잃을 수도 있다. 이 모든 요인은 각각 별이의 중산층 진입 계획에 치명적인 영향을 미친다. 게다가 모두 개인이 통제하거나 예측할 수 있는 것이 아니다.

별이는 라테 값을 아껴서 부자가 될 수 없다. 설사 별이가 앞으로 20년간 매월 300만 원을 저축한다고 하더라도 부자가 될 수 없다. 아마 이 글을 읽는 대부분이 마찬가지일 것이다.

이어지는 표는 수익률과 투자 기간에 따라 미래 자산가치를 추정한 결과다. 앞으로 20년 동안 매년 2천만 원을 저축하고 그 기간 동안 수익률 4%를 달성한다면 미래 자산가치는 6억 원 정도가 된다. 만약 연간 저축액이 4천만 원인 사람이라면 아래 표의 미래 자산가치에 2를 곱하면 된다. 수익률이나 투자기간 가정에 따라 다르겠지만 많은 사람이 3억~6억 원 정도의 미래 자산가치 범위에 속

할 것이다. 그리고 6억 원을 가진 사람은 어떤 기준으로도 부자로
분류되기는 어렵다.

아래의 표가 이야기하는 것은 대다수의 사람이 재테크를 통해

연간 저축액 2천만 원 가정 시 미래 자산가치				
수익률	15년	20년	25년	30년
1.0%	3.2억	4.4억	5.6억	7.0억
1.5%	3.3억	4.6억	6.0억	7.5억
2.0%	3.5억	4.9억	6.4억	8.1억
2.5%	3.6억	5.1억	6.8억	8.8억
3.0%	3.7억	5.4억	7.3억	9.5억
3.5%	3.9억	5.7억	7.8억	10.3억
4.0%	4.0억	6.0억	8.3억	11.2억
4.5%	4.2억	6.3억	8.9억	12.2억
5.0%	4.3억	6.6억	9.5억	13.3억
5.5%	4.5억	7.0억	10.2억	14.5억
6.0%	4.7억	7.4억	11.0억	15.8억
6.5%	4.8억	7.8억	11.8억	17.3억
7.0%	5.0억	8.2억	12.6억	18.9억
7.5%	5.2억	8.7억	13.6억	20.7억
8.0%	5.4억	9.2억	14.6억	22.7억
8.5%	5.6억	9.7억	15.7억	24.8억
9.0%	5.9억	10.2억	16.9억	27.3억
9.5%	6.1억	10.8억	18.2억	29.9억
10.0%	6.4억	11.5억	19.7억	32.9억

10억 원 이상의 자산을 구축할 수 없다는 사실이다. 운이 좋은 소수는 몇 번의 수익률 잭폿을 통해 10억, 어쩌면 30억 원까지도 자산을 늘릴 수 있겠지만 그런 요행에 기대어 인생의 결정을 내릴 수는 없다. 아마도 우리 중 대부분은 50살 즈음한 어느 시점에 6억 원 정도의 돈을 가지고 회사 밖으로 쫓겨날 것이다.

이런 일이 벌어질 것이라는 사실을 쿨하게 인정할 수 있어야 한다. 이 현실을 직시해야 다가올 미래를 준비할 수 있다. 미래를 준비하는 가장 좋은 방법은 검소하게 사는 것이다. 1년에 3천만 원을 소비하는 사람에게는 6억 원을 가지고 은퇴하는 것은 악몽이겠지만, 1년에 1천 700만 원을 소비하는 사람에게는 그다지 나쁜 소식이 아니기 때문이다.

웹툰《미생》에 나오는 아주 유명한 대사가 있다. "회사가 전쟁터라고? 밖은 지옥이다"라는 말이다. 상사는 온갖 폼을 다 잡으면서 이야기하고, 오상식 과장은 야근으로 빨갛게 충혈된 눈을 껌벅이며 숙연한 표정으로 이 말을 듣는다. 이 장면을 보면서 의아했던 것은 나뿐일까? 그들은 도대체 어떤 삶을 살았기에 이토록 초라한 대화를 나누는 것일까? 그들이 근무하면서 받았을 연봉은 모두 어디로 간 것일까? 퇴근 이후에, 쉬는 날에 그들은 도대체 무엇을 했던 것일까? 문득 이런 생각을 한 다음부터 나는 더 이상 오상식 과장이 멋있어 보이지 않았다.

나는 회사를 증오하면서도 돈 때문에 계속 다니는 사람들을 몇 명 알고 있다. 대체로 이들은 연봉 수준도, 능력도 전혀 떨어지지 않지만 좀처럼 돈을 모으지 못했다. 이들은 부양해야 하는 노부모가 있거나, 병에 걸린 가족이 있거나, 거대한 무언가를 시도하다 실패했던 것이 아니다. 그냥 무난하게 회사에 다닌 사람들이다. 이유는 단순하다. 그들의 지출은 지나치게 화려했고, 질펀할 정도로 방만했기 때문이다.

지인의 집에 방문한 적이 있다. 아이의 방에 장난감이 말 그대로 꽉 차 있었다. 장난감 전용 상자와 서랍장이 있었음에도 장난감 때문에 발을 디딜 곳이 거의 없었다. 그 집 꼬맹이는 자신이 가지고 있는 터닝 메카드를 보여주었다. 구급함 같은 상자에서 각종 터닝 메카드가 정말 끊임없이 나왔다. 처음에 나는 그게 하나에 500원 정도 하는 뽑기 장난감인 줄 알았다. 아니었다. 그 장난감 하나에 1만 원이 넘는다는 사실을 알고 정말 놀랐다. 얼추 추산하기에 그 꼬맹이는 터닝 메카드를 100만 원어치 넘게 가지고 있었다. 꼬맹이의 아빠는 그게 재테크가 될 수 있다고 웃으면서 이야기했지만 그게 개소리인 걸 그도 알고 나도 알았다.

그 가족은 1년에 서너 번씩 해외여행을 다녔고, 2대의 자동차를 몰았고, 맛집을 찾아 전국을 돌아다녔다. 이들의 취미는 인라인스케이트에서 낚시, 글램핑을 모두 망라했다. 이들은 그래서 돈을 모으지 못했다. 문제는 돈에서 끝나지 않는다.

이들은 자신들의 노동을 돈으로 바꾼 다음 다시 시간을 들여 그 돈을 터닝 메카드로 바꾸는 짓을 계속하고 있었다. 그들에게 회사 밖에서 보내는 생산적인 시간은 거의 0에 수렴한다. 1년에 단 한 권의 책도 읽지 않는다. 책을 읽지 않다 보니 미래에 대한 상상력이 메마르게 된다. 그러므로 미래는 막연하고 두려운 무언가가 되어버린다.

없어도 지배당하지 않는 사람

모은 돈이 없고 앞으로의 삶도 그다지 나아지지 않을 것이라는 점을 알고 있는 그들에게 갭 투자, 비트코인, 제약회사 신약 개발, 신흥국 주식, P2P 대출로 돈을 왕창 벌어들인 사람의 이야기가 들려온다. 막연한 두려움은 혼란으로 조급함으로 이어진다. 바로 이 순간 이들은 자신의 시간과 돈을 모두 비트코인 등등에 쏟아붓는다. 이외의 것에는 아무런 관심을 두지 못한다. 밤에 잠도 안 오고 피로는 쌓여가니 업무에 집중하지도 못한다.

"무릇 있는 자는 받아 풍족하게 되고 없는 자는 그 있는 것까지 빼앗기리라."
_마태복음 25장 29절

재테크를 통해서 벼락부자가 될 수 없음에도 검소하게 살아야 하는 이유는 하찮은 것에 지배당하지 않기 위해서다. 미래에 관한 막연한 불안감에 지배당하지 않기 위해서다. 비트코인 등등이나 터닝 메카드 같은 것에 1분도 시간을 낭비하지 않기 위해서다. 퇴근하고 스타벅스에 가서 책을 읽고 글을 쓰기 위해서다. 그렇게 자기 자신에게 베팅하기 위해서다. 무엇보다 몰입하기 위해서다. 우리가 정말로 원하는 것에 몰입하기 위해서 우리는 검소하게 살아야 한다.

몰입할 때 자유를 얻는 까닭은, 더는 사소하고 하찮은 일에 흔들리지 않게 되기 때문이다. 몰입하면 자유로운 까닭은, 중요한 일에 집중해 정신을 가다듬는 게 건강과 행복으로 가는 지름길이기 때문이다. 몰입하면 결정을 내리기 쉬워지고 좋은 것을 놓칠지 모른다는 두려움을 떨칠 수 있다. 지금 내게 있는 게 충분히 좋다는 걸 안다면, 무엇 때문에 마냥 더 좋은 것을 쫓아다니느라 스트레스를 받겠는가? 몰입하면 아주 중요한 몇 가지 목표에 집중할 수 있고, 이를 통해 다른 방법으로는 얻을 수 없는 대단한 성공을 이뤄낼 수 있다.

_마크 맨슨Mark Manson, 《신경 끄기의 기술》 중에서

나는 한때 정말 매력적이었던 사람들을 알고 있다. 나는 그들과 폴 오스터와 박민규, 스캇의 벗윙크에 관해 이야기했다. 책, 음악, 그밖에 아름다운 많은 것에 관해 이야기했다. 하지만 어느 순간부

터 우리는 이제 더 이상 그런 주제의 이야기를 하지 않는다. 마지막으로 그들이 내게 해준 이야기의 주제는 갭 투자와 임대 사업자 등록에 따른 세제 혜택, 비트코인의 종류와 전망 같은 것들이었다. 그들은 똥배가 출렁거렸고, 대체로 수익률도 좋지 않았으며, 시장 변동성이 커지면 업무에 집중하지 못했다. 무엇보다 지루했다.

어느 순간 나는 그들과의 대화가 내게 아무런 영감과 배움을 주지 않는다는 것을 느꼈다. 아마 앞으로 영원히 그럴 일이 없을 것이다. 한때 매력적이었지만 이제는 그렇지 못한 그들을 더 이상 만나지 않는다. 비슷한 이유로 경제신문도 읽지 않는다. 차라리 그 시간에 류시화의 책을 읽거나, 낮잠을 자는 것이 훨씬 낫다.

이토록 과감하게 말하는 것은 내가 검소하기 때문이다. 나는 내가 하는 재테크가 실패할 것을 걱정하지 않는다. 지금부터 앞으로 20년간 실질 투자 수익률이 0%이고 그때 5억 원만 가지고 지금의 직장에서 쫓겨날지라도 상관없다. 그때도 나는 꽤 괜찮은 엉덩이를 가지고 있을 것이고, 1년에 1천 700만 원이면 굶어 죽지 않고 때때로 스타벅스 라테까지 사 먹으면서 잘 살아갈 수 있을 것이기 때문이다. 블루투스 키보드만 있으면 얼마든지 혼자서 오랫동안 놀 수 있다. 관심 없는 주제에 완벽하게 관심을 끌 수 있다.

하지만 검소하지 못한 사람들은 이런 주제에 관한 대화가 아무리 지루하다고 할지라도 거부하지 못한다. 불안하기 때문이다. 불안하면 갭 투자가 어떻고, 비트코인이 어떻고, 제약회사 신약 개발이 어떻고, 신흥국 주식이 어떻고, P2P 대출이 어떠한지에 대한 이야기에 관심을 끌 수 없다. 이런 이야기엔 불안감을 미래에 대한 기대감으로 바꿔버리는 힘이 있기 때문이다. 게다가 바로 옆에서 그러한 방법을 통해 돈을 번 사람들의 이야기를 계속 듣게 되면 의지와 상관없이 귀가 쫑긋거린다. 인터넷에서 이런 주제에 관한 내용을 검색해서 본다. 세상의 모든 탐욕스러운 이야기들은 이 순간만을 기다렸다가 당신에게 달려든다. 지금 당장 이 기회를 잡지 못하면 영원히 행복할 수 없다고 당신이 빠져나갈 수 없게 만든다.

한때 꽤 괜찮았던 사람들이 모든 매력을 잃는 순간이 바로 이때다. 이제 이들은 영감과 배움이라는 주제에 마음을 빼앗기지 않는다. 이들의 삶의 목적은 '수익률 증대를 통한 가난 탈출'로 요약된다. 어쩌면 그들 중의 상당수는 '경제적 자유'를 이룰지도 모른다. 하지만 그들이 포기한 것은 그 이상이다.

그들은 우선 자신이 정말로 좋아하는 것에 몰입하는 사람들이 가지는 매력을 포기했다. 아름다움에 대한 관심과 그로부터 발생하는 즐거움을 포기했다. 그들은 자신의 가능성을 찾길 포기했고 자신의 가치에 대한 베팅을 포기했다. 그리고 결국 자신 이외의 것에 투자했다. 나는 이것이 비극이라고 생각한다.

나는 스타벅스 라테를 좋아하는 당신이 검소하게 살기를 바란다. 그렇지 못할 경우 세상의 모든 탐욕스러운 이야기들이 당신의 마음을 들끓게 할 것이기 때문이다. 검소하지 않은 사람에게는 내가 지금까지 해왔고 앞으로 하고자 하는 모든 이야기가 말짱 개소리에 지나지 않을 것이다. 오로지 검소해야만 모든 탐욕스러운 이야기를 거부하고 내가 좋아하는 것에 몰입할 수 있다. 그러므로 나는 당신이 영감과 배움을 주지 않는 모든 것을 거부하기를, 검소하기를 바란다.

당신이 좋아하는 것에 몰입하고, 자신이 가진 가능성에 대한 베팅을 포기하지 않고 끝까지 밀어붙일 때 잭폿이 터질 것이다. 그 과정은 적어도 지루하지는 않을 것이다.

나는 그러하다. 그래서 삶이 지루하지 않다.

나는 월요일이 우울하지 않다
믿음을 안고 아쉬움을 떨치는 법

나는 책을 읽을 때마다 맺음말에 아내에게 감사와 헌사의 말을 남기는 작가들에게 맹렬한 시기심을 느낀다. 작품보다 그 헌사가 더 대단해 보일 때도 있다. 최근에 생각나는 책은 한스 로슬링Hans Rosling의《팩트풀니스》다. 책에 쓰인 참신한 이야기들보다 맺음말에서 저자가 아내에게 바치는 감사의 말이 나는 더 신기했다. 그는 어떻게 일생을 바쳐 그렇게 한 여자만을 사랑하고, 그 여자의 한결같은 지지와 보살핌을 받을 수 있었던 것일까? 지금 내게는 평화롭고 원만한 결혼생활이 세계를 구하는 것보다 더 어렵게 느껴진다.

하지만 내게도 변명은 있다. 다른 모든 문제와 마찬가지로 내가 처한 결혼생활의 어려움 또한 돈 때문이라고. 이 모든 것은 다 돈 때문이다. 우리는 검소했고 꽤 빠르게 돈을 모았지만, 그 대신 가혹한 대가를 치러야 했다. 나는 그것을 '낭만과 여유의 완벽한 상실'이라고 이름 붙여 보았다.

낭만과 여유의 완벽한 상실

첫 번째 결혼기념일이었다. 태어난 지 얼마 안 된 아이를 장모님이 잠시 봐주시기로 했다. 당시 우리는 차가 없었기 때문에 퇴근 후 지하철역에서 만나 집까지 함께 걸어 돌아왔다. 등으로 땀이 흘러내렸다. 돌아오는 길에 식당에 들러서 돈가스와 쫄면을 먹었다. 실로 오랜만의 외식이었다. 분식을 먹으면서 나는 아내에게 5천 원을 주고 산 작은 꽃을 한 송이 선물했다. 이렇게 써놓으니 소설에 나오는 가난하지만 행복한 부부 같지만 그렇지는 않았다. 날이 너무 더웠고 우리는 밥맛도 대화도 없이 밥을 먹고 있었다. 밥을 먹고 기진맥진한 채 아이를 찾아 집으로 돌아와 다음날 있을 격렬한 전투(출근과 육아, 대체로 예상되는 폭음)를 비장하게 준비하며 잠들었다. 그때 부부 싸움을 많이 하지 않았던 것은 우리가 서로 싸울 힘조차 없었기 때문일 것이다.

당시 우리가 살던 주택은 회사에서 제공한 임차주택이었다. 공짜로 제공되는 전셋집이다. 이 복지 혜택이 아니었다면 결혼의 시작은 훨씬 지난했을 것이다. 그러나 대부분의 은행원이 이 공짜 임차주택을 사용하지 않는 덴 이유가 있었다. 집이 너무 낡아서 샤워를 하려면 한참이나 녹물을 빼야 했다. 아내는 어디에선가 이런 오래된 아파트의 물탱크에는 죽은 쥐가 둥둥 떠다니며, 녹물을 없애기 위해 지독한 화학약품을 수돗물에 섞는다는 포스팅을 읽었다. 그후 아내는 그 붉은 물에 아이를 씻기는 것을 견딜 수 없어 했다. 그래서 우리는 매일 장모님의 집에서 아이를 씻겨왔다. 차가 없었으므로 매일 유모차를 끌고 15분 정도를 걸어 다녀야 했다.

샤워기에서 녹물이 나오지 않았더라면, 엘리베이터가 있어서 유모차를 짊어지고 계단을 오르내릴 필요가 없었다면, 우리에게 자동차가 있었더라면 아마 훨씬 삶이 편했을 것이다. 우리의 부부싸움 중 많은 부분이 사전에 방지될 수 있었을 것이다. 그랬다면 우리에게 낭만이 조금 더 남아 있지 않았을까? 돈을 아끼기 위해 회복될 수 없는 무언가를 희생한 우리는 너무 멍청했던 것일까?

얼마 전 '배달의 민족' 광고를 보았다. "배달의 민족 안 써본 사람을 찾습니다." 그 사람이 바로 여기 2명이나 있다고 나는 소리치고 싶었다. 지난 시간 동안 우리 부부가 배달 앱을 통해 음식을 시켜먹은 적은 단 한 번도 없다. 전화로도 족발, 치킨, 피자를 시켜먹은 적이 없다. 치킨은 직접 찾으러 가면 2천 원을 할인해 주는 곳에서 사다 먹었고, 주말이면 재래시장에 가서 한 그릇에 3천 원인 홍두깨 칼국수나 7천 원짜리 곱창볶음을 먹곤 했다. 그게 외식이었다. 마트에서 딱 한 번 맥주를 사본 적이 있다. 좋은 일이 있었던 터라 나는 먹고 싶던 기네스 맥주를 사서 냉동실에 잠깐 넣어두었다. 샤워를 하고 나오니 그 잠깐 사이에 맥주가 얼어서 터져 있었다. 그후로 나는 집에서 맥주를 마셔본 적이 없다.

스타벅스는 언제나 무료로 받은 쿠폰으로만 마셨고, 결혼한 후에 극장에서 본 영화는 두 편 정도인 것 같다. 한 편은 제목도 기억이 나지 않고, 나머지 한 편은 갈매기와 밤새가 등장하는 어린이용 만화였다. 결혼하고 해외여행을 가본 적도 없고, 케이블 TV도 설치하지 않았다. 회사에서 복지로 제공하는 콘도가 있어 제주도에는 간혹 놀러갔다. 그러나 제주도에서도 우리는 풍경 좋은 곳에서 회를 먹은 적이 없다. 칼로리 가성비가 높은 고기 국수나 해물 뚝배기 같은 것을 먹었다. 그래서 나는 사실 아직도 제주도에서 먹는 다금바리 맛이 뭔지 모른다. 이렇게 사는 게 불편하지 않느냐고 묻는다면 글쎄다. 주말에는 다소 허기를 느끼지만, 월요일에 출근해서는 구내식당 아주머니가 기겁할 정도로 많은 음식을 먹는다.

나는 대체로 돈을 주고 시간을 살 수 있다면 그렇게 해야 한다고 생각한다. 그렇지 않겠는가? 나와 아내의 소득을 합산하면 대한민국 상위 5%에는 들 텐데, 돈을 아끼겠다고 우리끼리 언제까지 이렇게 각박한 삶을 살아야 할까?

나는 불화가 있던 가정에 기적과 같은 평화를 가져다준 가사 도우미 이야기를 몇 개 주워들었다. 큰돈이 필요한 건 아니었다. 아내에게 가사 도우미를 고용하자고 이야기했다. 저축액은 조금 떨어질 테지만 우리의 삶은 평화로워지고, 나는 글 쓸 시간을 가질 수 있을 거라고 이야기했다. 아내는 다시 운동을 시작할 수 있을 것이다. 하지만 나의 제안은 기각되었고 우리는 지금도 이 주제에 대해 소싸움을 하고 있다. 우리는 맞벌이 부부고, 말을 잘 듣지 않기로 유명한 5살짜리 아이를 키우고 있다. 또한 나는 글을 쓰기 위해 15분 단위로 시간을 쪼개어 쓰고 있으며, 아내는 500원 단위로 지출을 관리한다. 낭만적일 수 있을까? 여유로울 수 있을까? 불가능하다.

억울하기는 하다. 돈이 많았다면 나는 좀 더 좋은 남편 노릇을 할 수 있었을 것이다. 퇴근해서 집에 온 다음 도우미 아주머니가 목욕에 양치까지 완벽하게 끝내 놓은 아이와 놀아주고, 갖가지 반찬이 차려진 식탁에서 저녁을 먹었을 것이다. 철마다 해외여행을 다니고, 아내가 기분이 안 좋을 때면 함께 백화점에 가서 40만 원짜리 원피스를 망설임 없이 구매할 수 있었을 것이다. 오늘 아이를 씻기고 유치원에 데려갈 사람이 누군지, 운동 갈 시간과 글 쓸 시간 중 어떤 게 더 중요한지를 두고 싸울 일은 없었을 것이다.

그래도 나는 이렇게 검소하게 살면서 꾸역꾸역 돈을 모으는 삶을 사는 것이 자랑스럽다. 이것은 쉬운 삶이 아니다. 정말로 많은 즐거움과 편안함을 포기해야 했다. 무엇보다 이렇게 사는 삶은 내가 스스로 만들어 낸 가치관에 입각한 선택이었다. 마크 맨슨은 그의 책 《신경 끄기의 기술》에서 우리가 대단한 건, 끝없는 혼란과 피할 수 없는 죽음 앞에서도 어디에 신경을 쓰고 어디에 신경을 끌지를 계속 선택하고 있기 때문이라고 말했다. 이것 참 어깨 으쓱거리게 만드는 문장이 아닐 수 없다. 그렇다. 이 모습은 내가 선택한 것이다. 그러므로 나는 의연하게 버텨볼 생각이다.

오로지 검소할 때 주어지는 것들

검소한 삶이 내게 준 선물들이 있다. 고대 로마 철학가 세네카Seneca는 제자 루킬리우스Lucilius에게 이런 가르침을 남겼다. 일부러 며칠 동안 남루한 옷차림으로 싸구려 옷을 입고 손때 묻은 빵을 먹어보라고, 그리고 이것이 정말로 두려울 만한 상황인지 반문해 보라고 말이다. 이렇게 가난을 연습하는 사람들은 실제로 빈곤한 상황이 닥쳐도 위축되지 않고 의연하게 살아갈 수 있다. 의도치 않게 나는 이 훈련을 5년째 해오고 있다. 그 과정에서 한 가지 변화를 경험했다.

오래전 내가 어린아이였을 때 밤이 두려워 잠드는 것이 무서웠다. 가끔 너무 무서울 때면 나는 불을 켜고 잠들거나, 엄마 옆으로 가서 잠들곤 했다. 점차 나이가 들면서 더 이상 밤을 두려워하지 않게 되었지만, 밤보다 훨씬 두려운 것들이 생겨났다.

실수하는 것

실패하는 것

무시당하고 경멸당하는 것

회사에서 잘리는 것

성인이 되어서 나는 이런 것들이 두려웠다. 불을 켠 채 잠들던 아이 때처럼 어른이 된 후에도 나는 다른 사람의 눈 밖에 나지 않으려 노력했다. 어떤 상황에서도 'No'라고 대답하지 않았고, 부당한 처우에도 불평불만을 입 밖으로 내뱉지 않았다. 관심도 없는 사람들과 연줄을 만들기 위해 재미없는 술자리도 많이 참석했다. 면피를 위해, 보여주기 위해 일했다. 매일 야근했고, 39일 동안 쉬지 않고 출근한 적도 있다. 그 시절은 다시 생각하고 싶지도 않다.

하지만 이제는 이렇게 살지 않는다. 검소한 생활 습관 덕에 회사를 떠나도 아무런 어려움 없이 살아갈 수 있다. 이제 나는 회사에서 실수하는 것, 실패하는 것, 창피해지는 것이 별로 두렵지 않다. 나이가 들면서 밤을 두려워하지 않게 된 것과 마찬가지다. 나는 직장에서 부당한 일을, 형편없는 사람들을 거부할 수 있다. 그리고 내 생각에 대해 진정성을 담아 이야기할 수 있다.

부당한 일들을 거부하면 그것들은 당신을 찾아오지 않는다. 형편없는 사람들을 거부하면 그들도 당신을 찾아오지 않는다. 당신이 진정성을 가지고 주장하면 회사는 당신의 이야기에 저절로 귀 기울일 것이다. 회사에서 일하는 사람 누구도 바보가 아니기 때문이다. 당신이 진심을 담아 말할 때는 바늘 떨어지는 소리가 들릴 만큼 주변이 고요할 것이다. 진심이란 이제 그토록 희소한 무언가가 되어버렸기 때문이다. 당신이 근무하고 있는 회사와 조직이 근본까지 썩어 빠지고, 당신의 모든 노력이 아무런 변화를 만들지 못하며, 모든 사람이 당신을 비웃는다고 할지라도 상관없다. 즐거울 것이기 때문이다. 아니다 싶으면 그만두고 다른 기회를 찾으면 된다. 도대체 뭐가 아쉽지? 뭐가 두렵지? 아쉬워할 것 하나 없다. 삶은 유한하다. 그런 것들에 집착하며 낭비하기에는 너무 아깝다.

헤르만 헤세가 쓴 《싯다르타》라는 책에는 이런 이야기가 나온다. 어느 날 한 상인이 싯다르타에게 당신이 가진 것이 무엇인지 묻는다. 싯다르타는 자신은 생각하고, 기다리며, 금식할 수 있다고 대답한다. 도대체 금식 따위가 무슨 가치가 있느냐고 묻는 상인의 말에 싯다르타는 이렇게 대답한다.

"참으로 큰 가치가 있습니다. 만일 어떤 사람에게 먹을 것이 아무것도 없다면, 금식은 그가 할 수 있는 가장 현명한 방법입니다. 예를 들어 제가 금식을

부자들은 모두 은행에서 출발한다

몰랐다면, 저는 오늘날 먹고살 일을 구하느라 전전긍긍하고 있었을 겁니다. 당신과 함께든, 혹은 다른 곳에서든. 왜냐하면 배고픔이 나를 부채질했을 것이기 때문이죠. 하지만 지금처럼, 나는 조용히 기다릴 수 있습니다. 나는 조급하지도 절박하지도 않으며, 오랜 시간 배고픔을 멀리하고, 그것을 비웃을 수도 있습니다."

싯다르타처럼 위대한 영혼을 가진 사람조차도 단식을 하지 못했다면 속세의 하찮은 것들에 지배당해 전전긍긍했을 것이라고 대답한다. 하물며 나 같은 사람은 어떨까? 단식과 검소함은 분명 다르지만 삶에 미치는 영향은 유사하다. 둘 다 우리가 하찮은 것들에 지배당하지 않도록 만든다. 우리는 모두 겁쟁이다. 생명과 일상에 치명적인 영향을 미치는 행동을 아무렇지 않게 할 수 있는 사람은 거의 없다. 있다 하더라도 오래전에 다 죽었을 것이다. 그러므로 우리는 차에 타서 안전띠를 매는 것처럼 안전장치를 만들어야 한다. 나에겐 그 안전장치가 검소함이다. 검소함이 있다면 우리는 꽤 신나게 삶을 타고 놀 수 있다.

나는 이제 월요일이 그렇게 우울하지 않다. 직장은 변한 것이 없지만 말이다. 이것이 검소한 삶이 내게 준 첫 번째 선물이다.

'싫다'는 말의 가격을 매겨보자
T호르몬과 M호르몬

나는 꽤 괜찮은 엉덩이를 가지고 있다. 그래서 내게 다들 그러는 것이다. 그들이 내게 자꾸만 치근덕거리며 술을 마시자고 하는 이유는 분명 엉덩이다. 분명히 밝혀두자면 나는 XY 염색체를 가진 존재들에 관해 정말이지 수소 원자 하나만큼의 관심도 없다. 대체로 그들은 지루하고, 권위적이다. 아름다움과 재기발랄함이라는 측면에서도 진화가 제대로 되지 않은 것이 분명하다. 내가 이렇게 말할 수 있는 건, 나도 그러하기 때문이다.

부자들은 모두 은행에서 출발한다

처음에 은행에 들어와서 가장 힘들었던 것은 술이었다. 그들은 내게 와서 술자리를 통보했다. 나는 거절할 수 없었다. 나는 신입이었고 모나미 볼펜과 사인펜 중 하나를 골라 쓰는 것 외에는 그 어떠한 권한도 가지고 있지 못한 상태였다. 당연히 술자리를 거절할 권한도 없었기에 거의 모든 자리에 매일같이 끌려다녔다. 그렇다고 금가루 뿌린 참치 뱃살이나 은하수 같은 마블링이 아름다운 한우 등심을 먹으면서 영혼의 치유를 받은 적은 없다. 대체로 나는 감자탕(혹은 돼지갈비)에 소주를 마셨고 집에 돌아가서는 고춧가루가 둥둥 떠다니는 소주를 토해내곤 했다. 대체 그들은 왜 그들과 마찬가지로 지루하며 아름답지도 않은 데다 술값은 내지도 않고 안주만 왕창 먹어대는 나를 매번 술자리에 끌고 가려는 것일까? 나는 엉덩이 말고는 도저히 답변을 찾을 수 없었다.

술자리를 거부한 적이 있었다. 일이 있어서 오늘은 안 된다고 이야기하는 나에게 그들은 경고했다. "내가 너를 잘되게는 못해도, 못되게는 할 수 있어." 이것은 뭐랄까, 남자라는 종족들의 한심한 상태를 넘어선 잔혹한 수준의 발언이었다. 그들은 실제로 훼방을 놓았다. 개자식이라고 생각하면서도 나는 위축되었다. 그래서 다시 술자리에 따라다녔다.

꽃에 꽃말이 있는 것처럼 술에도 술말이 있다고 한다. 다른 것은 모르겠고 소주의 술말은 '평등'이라고 한다. 평등, 얼마나 아름다운 단어인가. 하지만 대체로 내가 끌려다닌 술자리에서 소주는 평등하게 분배되지 않는다. 술잔 돌리기라는 전통문화가 있어서다. 윗사람이 자신이 마시던 빈 소주잔을 내게 준 다음 그 잔에 술을 채운다. 그러면 나는 그 술을 마시고 다시 조신하게 술잔을 돌려준다. 그러면서 그에게 술을 다시 따라준다. 그는 자신의 잔을 잠시 가지고 있다가 다 같이 건배하자고 제안한다. 여기서 문제. 나는 그보다 얼마만큼의 술을 더 마신 것일까? 답은 정확히 두 배다. 대체로 술자리에는 4명의 그들과 1명의 내가 배석한다. 내가 술자리에 참석할 때마다 집에 가서 혼절하고, 다음날 숙취로 죽을 듯이 앓는 데에는 이 불공평한 구조가 한몫한다.

하지만 이제 나는 명분 없는 술자리에 거의 참석하지 않는다. 하루가 멀다고 술을 마시는 그들의 술자리 제안을 거절하는 완벽한 방법을 찾아냈기 때문이다. 오늘도 술자리 요청을 하나 거절하고 헬스장에 왔다. 스쾃 세 번째 세트가 끝났을 무렵 이 글을 꼭 쓰고 싶다고 생각했다.

술자리를 거절하는 가장 좋은 방법을 소개한다. 일단 숨을 들이마셔 복압을 높인다. 동시에 허리가 구부정하지 않도록 똑바로 편다. 그다음 그들의 눈동자를 똑바로 바라보면서 이야기한다. "안타깝지만 오늘은 볼링 치러 가야 해서 안 되겠네요. 다음에 하시죠." 혹시 볼링을 좋아하지 않는다면 배드민턴, 꽃꽂이나 클럽에 디제잉하러 간다고 이야기해도 상관없다. 중요한 것은 기어들어가는 목소리로 우물쭈물하면 안 된다는 점이다. 복성으로 사무실이 쩌렁쩌렁 울리도록 그들에게 거부 의사를 표시하는 것이다. '싫다'고.

이 방법을 찾은 다음 나는 꽤 평탄한 직장생활을 영위하고 있다. 퇴근이나 휴가, 갈굼 같은 상황에서도 비슷한 방법으로 대처할 수 있다는 것을 깨달았기 때문이다. 부조리에 대해서는 싫다고 말해야 한다. 그러면 그들은 나를 존중하기 시작한다. 나는 이 노하우를 직장생활에서 고초를 겪고 있는 주변 사람들에게 몇 번이고 이야기해 주었다. 하지만 그들 중 대다수는 이 방법을 쓰지 못하고 이전과 동일하게 그들에게 짓밟히다시피 하며 지질한 직장생활을 한다.

왜 그토록 많은 사람이 '싫다'라는 말을 하지 못해서 저토록 잔혹하게 지내는 것일까? 여기에는 두 가지 이유가 있다. 이들에게는 T호르몬과 M호르몬이 부족한 것이다. 직장생활뿐만이 아니다. 나는 생로병사와 행복과 성공, 사랑에 관한 거의 모든 문제의 근본 원인이 바로 이 두 호르몬에 달려 있다고 생각한다.

운명처럼 타고나는 T호르몬

길복이를 처음 만난 것은 내가 일병일 때였다. 내가 군 복무를 할 때만 해도 이등병은 걸레를 빨거나 각 잡고 앉아서 관물대와 대화하는 것 외에는 아무것도 할 수 없는 존재였다. 하지만 길복이는 조금 달랐다. 체육대학에서 유도를 전공하던 길복이는 그야말로 '길복이의 엉덩이'라는 표현만 기억에 남을 만큼 강인하고 거대한 엉덩이를 가지고 있었다.

그 거대한 근육 덩어리는 끊임없이 테스토스테론Testosterone, 즉 T호르몬을 발산해 냈다. 그로 인해 그는 남다른 어깨와 등, 가슴 근육을 가지고 있었으며 그 앞에선 모두 위압감을 느낄 수밖에 없었다. 자신 앞에서 움츠러드는 사람들에게 눈치 볼 필요가 무엇이 있겠는가? 이등병 길복이는 눈치 같은 건 보지 않고 유달리 따뜻하고 평화로운 군 생활을 영위했다. T호르몬 덕분이었다.

나는 회사나 학교 어디에서건 이 전략이 통할 것이라고 생각한다. 자신보다 높은 T호르몬을 가진 사람 앞에 주눅 드는 것은 공룡과 나무가 지구상에 존재하기 이전부터 우리의 신경계에 자리 잡은 메커니즘인 것이다. 매년 새해가 되면 수없이 많은 남성이 헬스장으로 향하는 것은 T호르몬이 어떻게든 서열 구조에 영향을 미친다는 점을 알고 있기 때문이다.

그러므로 우리는 우선 T호르몬을 높이는 방법을 찾아서 실행해야 한다. 충분한 T호르몬 레벨을 충족한 사람은 훨씬 더 쉽게 부당한 요구에 거절할 수 있기 때문이다. 다행히 T호르몬을 높이는 방법은 매우 잘 연구된 학문 분야이며 실천하는 것도 그다지 어렵지 않다. T호르몬을 높이는 데에는 중량 위주의 웨이트 트레이닝이 효

부자들은 모두 은행에서 출발한다

과적이다. 가급적이면 스쾃, 데드리프트, 벤치프레스, 턱걸이, 덤벨 스윙, 덤벨 스내치, 런지처럼 복합 근육이 사용되는 운동 위주로 실시한다. 너무 길지 않은 시간 동안 굵고 강하게 조져주어야 하며, 무엇보다 잘 먹고 잘 자야 한다. 자연스레 스트레스를 받지 않게 되고 적정 체중이 유지된다.

하지만 여기에는 한 가지 문제가 있다. 대체로 직장에서 최하위의 서열을 차지하는 사람들은 위의 조건들을 충족시키기 매우 어렵다. 운동은커녕 이들은 잦은 야근으로 생존을 위해 필요한 최소한의 수면 시간조차 확보하지 못하는 경우가 대부분이다. 게다가 실적 압박으로 인한 스트레스로 밥도 잘 못 먹고 위궤양을 앓고 있을 수도 있으며, 매일 저녁이면 '한잔하지'라는 상사들의 요구도 거절하지 못하는 처지에 있을 가능성이 크다.

게다가 유전적인 문제도 있다. 민첩성Agile 쪽에 특화된 유전자를 가진 사람들은 아무리 운동을 하고, 밥을 잘 먹고, 보충제를 먹고, PT를 받아도 근육이 자라지 않는다. 게다가 조상들 중 대머리가 많을 경우 높은 T호르몬 수치는 더 빠르고 깨끗한 탈모로 이어지는 경우가 많다. 대체로 T호르몬이란 모든 사람이 능숙하게 사용할 수 있는 호르몬은 아니다.

대수롭지 않음을 만드는 M호르몬

내가 처음 M호르몬의 존재를 깨달은 것은 2016년 금융권 총파업 때였다. 이날 나는 처음으로 직장에서 해고될지도 모른다는 두려움을 느꼈다. 실제로 그날 휴대폰으로 신문사로 이직하는 방법을 찾아봤다. 그러다 배터리가 방전되어 기자들이 있는 프레스 천막으로 갔다. 하지만 미친 듯이 기사를 써서 전송하는 그들에게 말을 붙일 용기가 나지 않았다. 그래서 그곳에 앉아서 기자들이 일하는 모습을 구경했다. 나는 계산기로 내가 처한 상황을 계산해 보았다. 그리고 깨달았다. 내가 두려워했던 것은 아무런 실체가 없다는 것을. 그렇게 생각하자 마음이 더 이상 미쳐 날뛰지 않았다. 아래는 당시 내가 했던 생각과 계산의 일부이다.

당시의 계산

누적 저축액 3억 원 ÷ 결혼생활 4년
= 연 환산 저축액 7.4천만 원

세후 소득 9천만 원 − 연환산 저축액 7.4천만 원
= 연 필요 생활비 1.6천만 원

누적 저축액 3억 원 ÷ 연 생활비 1.6천만 원
= 무소득 생존 가능 연수 19년

부자들은 모두 은행에서 출발한다

당시 나는 4년 전 결혼한 상태였다. 결혼식이 끝나고 모든 축의금과 비용을 정산했을 때 내게 남은 돈은 500만 원이 전부였다. 그로부터 4년이 지나 파업에 참석한 시점에 나는 통장에 3억 원을 모아둔 상태였다. 우리 부부의 세후 합산 소득은 9천만 원 정도였다. 이것은 우리가 매년 평균적으로 생활비를 사용하고 남은 돈 7.4천만 원을 저축하고 있었다는 뜻이다. 과거 4년 동안 매년 9천만 원의 수입 중 7.4천만 원을 저축할 수 있는 사람은 앞으로도 1.6천만 원으로 1년을 살아가는 데 지장이 없을 것이다. 지금 내가 가진 돈 3억 원을 고려하면 내일 당장 사표를 쓰고 회사를 뛰쳐나가도 19년은 그럭저럭 살아갈 수 있는 것이다.

나는 내가 두려워하는 것이 무엇인지 딱 잡아 이야기할 수 없었다. 내가 느끼는 두려움은 실체가 없었다. 사람들이 뒤에서 비웃을지도 모른다고 생각했지만 비웃음은 불쾌한 것이지 두려운 것은 아니다. 여기까지 생각이 미치자 마음이 편해졌다. 여기에는 당시까지 모은 3억 원이 큰 작용을 했다. 하지만 내가 모은 3억 원이 어마어마한 금액이라서 그런 것은 결코 아니다. 3억 원으로는 수도권의 아파트 한 채도 살 수 없다. 그러나 3억 원은 나의 검소한 라이프스타일과 콤비를 이룰 때 막강한 힘을 발휘한다. 나는 검소하기 때문에 3억 원에 불과한 돈을 가지고도 앞으로 20년은 무리 없이 살아갈 수 있다.

물가 상승이나 아이의 성장에 따라 더 많은 돈이 필요할 수도 있겠지만 이런 요소들은 내가 지금보다 급여가 적은 다른 직장을 다니는 것으로 얼마든지 벌충할 수 있다. 나는 지금 당장이라도 회사를 그만두고 편의점 아르바이트를 하면서 틈틈이 영화 극본을 쓰거나 유튜브 채널을 운영하는 삶을 살 수 있다.

게다가 우리 부부가 동시에 회사에서 잘린다는 최악의 가정도 실현될 가능성은 희박했다. 기껏해야 내가 동기들보다 승진이 늦어지는 것, 생전 듣지도 못한 지방으로 발령이 나는 것, 만년 과장으로 초라하게 직장생활을 마무리하는 것 정도가 내가 예상할 수 있는 최악의 시나리오였다. 나는 그것이 대수롭게 않게 느껴졌다.

대수롭지 않아지는 것, 이것이 바로 M(Money)호르몬의 가장 강력한 효능이다. T호르몬은 우리 몸의 근육에서 분비된다. 하지만 이와 다르게 M호르몬은 통장 잔고와 검소한 습관이 적절하게 조화되었을 때 분비된다. 나는 M호르몬이 우리에게 중력처럼 작용하고 있다고 생각한다. 하지만 대다수의 사람은 M호르몬의 존재는커녕 그 효능도 알지 못한다. M호르몬은 언제든 회사를 그만두고 편의점 아르바이트를 하면서 유튜브 채널을 운영하는 삶을 하나의 선택지로 만들어 준다. 삶의 거대한 역설 중 하나는, 언제든 회사에 사표를 던질 수 있다고 생각한 순간 회사에 사표를 던지고 싶은 마음이 싹 사라진다는 것이다.

사람들 대부분이 절제하지 못하고 절약하지 못하며 돈을 모으지 못한다. 현재 연봉이 얼마든 막대한 부채를 떠안고 있으며 현재의 직장을 떠나서 10년은커녕 1년도 생존할 수 없는 사람이 부지기수다. 그런 사람에게 상사가 가진 인사권은 생사여탈권이 된다. 생사여탈권을 가진 사람 밑에서 근무하는 사람들은 상사의 변덕스러운 짜증이나 투덜거림에도 마치 당장 내일 지구가 망할 것처럼 걱정하고 괴로워한다. 나는 직장생활을 하면서 이런 광경을 수없이 목격했다.

상사가 말한다. "이런 일은 예측하고 준비했어야지." 그러면 가난한 부하는 말한다. "죽을죄를 지었습니다. (과거 3개월간 매일 야근을 했지만) 야근하겠습니다. 이번 주말(은 아이 생일이지만) 나와서 근무하겠습니다. (시간 외 수당은 받지 못하겠지만) 주 52시간 근무시간 제한은 비서 컴퓨터에서 작업하면 문제없습니다." 가족과 사이가 좋지 않은 상사는 위로와 격려라는 명목으로 부하 직원들에게 갑작스러운 삼겹살 파티를 선언한다. 부하 직원은 흐드러진 똥배와 굳어가는 간 그리고 반쯤 빠져버린 쓸개를 감싸 안고 술과 삼겹살을 진탕 먹은 다음 대리운전으로 집에 들어간다. 그다음 잔소리를 퍼붓는 아내와 대판 싸운다.

악순환이다. 이런 일상을 살아가는 가정은 보상 심리의 일환으로 아이에게 상식 이상의 교육비를 쏟고, 마트에서 필요 이상의 물건을 구매하며, 과도한 해외여행이나 맛집 탐방으로 돈을 소진한다. 일을 해도 점점 더 가난해진다. 그 결과 이들은 나이가 들고 지출이 늘어날수록 직장을 떠나서는 하루도 더 살 수 없는 처지에 몰리고 만다. 삶의 가장 큰 꿈은 직장을 떠나는 것이지만 당장은 어떻게든 하루라도 더 회사에 남아 근무하는 것이 목적이 된다. 그 순간부터 직장은 지옥이 된다. 일본인들은 이들을 '회사 인간' 또는 '사축'이라고 부른다.

힘이 있어야 힘들지 않다

인간은 무의식적으로 함부로 대해도 되는 사람을 선별해 함부로 대한다. 그런 상황은 양성 순환 고리Positive Feedback Loop로 작용한다. 처음에는 머뭇거리다가도 당신이 아무런 반응을 하지 않고, 저항하지 않는다는 사실을 학습함으로써 더 큰 잔소리를 당신에게 쏟아부을 수 있게 되는 것이다.

이미 고리가 강력히 자리 잡혀 있다면 당신이 할 수 있는 일은 T 호르몬과 M호르몬을 높이기 위해 노력하는 것뿐이다. 당신이 만약 충분한 T호르몬과 M호르몬을 가지게 된다면 이것은 당신의 얼굴, 태도, 표정, 목소리에 담기게 된다. T호르몬과 M호르몬이 충만한 당신을 막 대할 수 있는 사람은 흔치 않을 것이다. 만약 그렇게 하는 사람이 있다면 그 사람에게 가서 이렇게 주문을 외워보자. '동귀어진同歸於盡(파멸의 길로 함께 들어간다는 뜻)'이라고.

당신을 괴롭히는 상대방이 "직장은 전쟁터고 직장 밖은 지옥이다"라는 말을 입에 달고 사는 사람이라면 100%다. 당신의 이 마법 같은 주문에 상대는 꼬리를 내릴 게 분명하다. 그에게는 갚아야 할 산더미 같은 주택담보대출과 학자금, 생활비를 지원해 줘야 할 처자식이 있기 때문이다. 무엇보다 그는 직장을 떠나서는 한 달도 살아남지 못할 사람이기 때문이다. 많은 사람이 당신을 미친 사람 취급하겠지만 함부로 대하지는 못할 것이다. 혼자인 것이 호구인 것보다 100배는 낫다.

조던 B. 피터슨Jordan B. Peterson이 쓴 책《12가지 인생의 법칙》에서, 나는 첫 번째 장 '어깨를 펴고 똑바로 서라'를 좋아한다. 우리가 허리를 똑바로 펴야 하는 이유, 부당한 처사에 분노하고 저항해야 하는 이유에 관해 이야기해 놓았다. 작가는 누군가를 물어뜯을 수 있는 힘이 생기면 막상 누굴 물어뜯을 일은 일어나지 않는다고 말한다.

동정적이고 자기희생적인 성향이 강한 사람, 순진해서 남에게 쉽게 이용 당하는 사람은 자신의 공격성을 엄격한 도덕적 잣대로 제한한다. 따라서 자신을 지키는 데 필요한 최소한의 정의로운 분노마저 표출하지 못한다. 당신이 누군가를 물어뜯을 수 있다면, 물어뜯을 일은 일어나지 않는다. 공격성과 폭력성을 적절하게 사용할 수 있으면 공격성을 실제로 사용할 일은 오히려 줄어든다. 부당한 일을 당했을 때 처음부터 단호히 거부하고 의사를 분명하게 밝히면 상대는 심리적으로 위축되고 행동에도 제약을 받는다. 폭력성은 한 번 나타나면 거침없이 확대되는 특성이 있다. 힘이 부족해서 어쩔 수 없이 자신을 지키지 못하는 사람과 마찬가지로 적절한 반응을 보이지 않아서 자신을 지키지 못하는 사람 역시 쉽게 착취의 대상이 된다.

하지만 분노하는 것, 부당한 처사에 저항하는 것은 쉬운 일이 아니다. 나에게나 당신에게나 마찬가지다. 그러므로 우리는 T호르몬과 M호르몬을 높이기 위해 노력해야 한다. 이 두 호르몬이 충만한 사람은 회사에서 면피를 위해 일할 필요가 없다.

업무의 목적이 책임 회피에서 생산성 향상으로 바뀔 때 나타나는 효과는 경이롭다. 당신은 더 당당하고 창의적으로 업무에 몰입할 수 있다. 그 과정에서 생길 수밖에 없는 실수와 시행착오에 관해 웃으면서 미안하다고 말할 수 있다. 당신의 해맑은 웃음을 본 상대방은 하려던 잔소리를 싹 잊을 것이다. 당신은 더 큰 목표를 생각할 시간을 가지고, 더 당당하게 당신의 몫을 요구할 수 있다. 다른 사람은 절대 해낼 수 없는 무지막지한 업무 추진력을 보여줄 수 있다. 주변 사람의 눈치를 애써 볼 필요가 없을 것이고, 사표를 내고 낯선 나라로 떠나는 허황한 꿈 때문에 마음이 흔들리는 경우도 없을 것이다.

무엇보다 당신 주변에 넘쳐나는 개소리들에 대해 더 당당하고 확실하게 당신의 의사를 표시할 수 있을 것이다. "싫다"고. 나는 당신이 힘들지 않을 힘을 가질 수 있다고 믿는다.

남자의 매력은 무엇으로 구성되는가
자금 조달이라는 피지컬적 요소

군대를 막 전역했을 무렵의 내 연애는 마치 말라비틀어진 개똥 같았다. 옷 입는 스타일을 바꾸면 문제를 해결할 수 있을 것이라고 생각했던 나는 얼마 되지 않는 돈으로 가장 혁신적인 디자인의 블레이저와 사용자 친화적인 나이키 운동화 같은 것들을 샀다. 하지만 남성 패션 잡지 칼럼니스트가 말한 것과 다르게 내 조치는 아무런 효과를 발휘하지 못했다. 문제는 패션 감각의 부재가 아니라 아름답지 못한 신체 조건이라는 것을 알게 된 계기는 한 솔직한 여성과의 만남이었다. 그 여성은 아름다웠고 첫 만남에서 깊고 아픈 깨달

부자들은 모두 은행에서 출발한다

음을 주었다. "너 진짜 구리다."

이날 처음 알았다. 이토록 솔직한 사람이 인구의 5%만 되었어도 지구는 한결 효율적인 행성이 되었을 것이다. 다시 만나고 싶다고 이야기했을 때 그녀는 싫다고 했다. 고마운 일이었다. 마음 졸이며 기다리거나 애먼 것에 기대하지 않아도 되었기에. 그 한 번의 만남은 내 인생에 지대한 영향을 미쳤다. 또한 남성의 매력이란 패션 혹은 유머 감각처럼 눈에 보이지 않는 것에서 나오지 않는다는 사실을 알려주었다. 남자의 궁극적인 매력은 일차적으로 180cm가 넘는 키와 빨래판 복근이 어우러진 피지컬 요인에 의해 결정된다. 나머지는 모두 부차적인 것이다. 물론 그 나머지 요인들이 중요할 수 있다. 하지만 패션 감각, 유머 감각, 지적 수준이나 미적 감각 같은 요소들은 피지컬이 갖춰진 상태에서만 제 기능을 발휘한다.

이왕 할 거라면 최고가 되자

이는 남자의 매력에만 국한된 것이 아니다. 사실 거의 모든 게임의 승패는 일차적으로 피지컬에서 결정된다. 승부가 중요한 세계에서 강한 멘털이 승부를 결정 짓는 경우는 거의 없다. 있다고 하더라도 세계 최정상 선수들처럼 피지컬 조건이 거의 비슷한 두 개체의 대결에서나 찾아볼 수 있다.

이는 투자라는 영역에서도 완벽하게 동일한 원리로 작용한다. '뛰어난 투자자'라는 말을 들으면 흔히 탁월한 지성과 통찰력을 가진 사람을 떠올릴 것이다. 이들은 명민한 정신력을 바탕으로 시장과 종목을 분석하고 적절한 매수와 매도를 통해 투자에 임한다. 이런 행위를 '자산운용'이라고 표현한다. 흔히 사람들은 자산운용을 투자라는 행위의 전부라고 생각한다. 그러나 이면에는 잘 보이지 않지만, 자산운용보다 훨씬 더 중요한 행위가 존재한다. 바로 '돈을 어떻게 만들 것인가'이다. 이것을 자금 조달이라고 부른다. 투자란 궁극적으로 자산운용과 자금 조달이라는 두 가지 요소로 이루어져 있다.

그러나 대부분의 투자자는 자산운용이라는 분야에만 관심을 가진다. 그들은 자금 조달이 얼마나 중요한 요소인지 이해하지 못하며 자금 조달이 무엇인지조차 알지 못한다. 그러나 만약 세계 최정상의 헤지펀드를 운용하는 사람들에게 투자 세계에서 가장 중요하며 어려운 것이 무엇인지 물어본다면 대부분이 자금 조달이라고 이야기할 것이다. 투자의 영역에서 수익률을 결정하는 가장 큰 요인은 바로 자금 조달 방식이다.

앞서 말한 남자의 매력에 비유하자면 뛰어난 자산운용 능력이 패션 감각이라면, 강건한 자금 조달 능력은 185cm의 키에 복근이 올록볼록한 몸뚱이라고 할 수 있다. 두 가지 모두 뛰어나다면 더할 나위 없이 좋겠지만 둘 중 더 중요한 것을 선택하라고 한다면 두말

할 필요 없이 몸뚱이, 즉 자금 조달 능력이다.

금융시장이 발달할수록 시장 분석, 종목 선택, 거래 실행 같은 자산운용 부분에서 개별적인 시장 참가자가 만들어 낼 수 있는 차별화 요소는 거의 존재하지 않는다. 천문학적인 재산을 가지고 있으며 의사결정 체계가 단순하여 복잡한 과정 없이 15분 안에 몇백억원 단위의 투자 결정을 할 수 있다거나, 인터넷과 공시시스템이 결코 제공할 수 없는 정보에 대한 독자적인 접근법 또는 생성법을 알고 활용할 수 있거나, 법률이 허용하는 한계 내에서 막강한 시장 장악력을 가지고 있어 가격에 대한 직접적인 통제가 가능하거나, 강력한 유통망을 가지고 있어서 무엇이건 어떤 가격에 팔아치울 수 있는 경우 정도가 운용에서 차별화를 만들어 낼 수 있는 상황이라고 생각할 수 있다.

이에 반해 MBA를 나왔는지, 회계사 자격증을 가지고 있는지는 중요하지 않다. 또한 누가 더 많은 증권사 리포트와 기업 재무제표를 읽는지, 누가 HTS에 더 많은 시간을 투자할 수 있는지도 의미없는 질문이다. 경제 신문과 관련 블로그를 꼼꼼히 살펴보는지, 증권사나 금융기관에 종사하는 친구가 극비 정보를 빠르게 제공해줄 수 있는지, 파이선으로 투자 결정 알고리즘을 구현할 수 있는지, 《맨큐의 경제학》을 얼마나 감명 깊게 읽었는지는 차별화 요소가 될 수 없다. 이유는 단순하다. 이 모든 것들이 너무나 흔해 빠졌기 때문이다. 투자 이론이나 정보는 이미 하나의 방식으로 수렴하고 있고 이것은 투자를 생각하는 방식, 속도까지 한 점으로 수렴시키고 있다. 운이 좋다면 초과 수익을 올릴 수 있을지도 모르지만, 대개는 시간 낭비에 불과하다. 더군다나 개인투자자들은 자산운용이란 부분에서 차별화를 만들어 낼 건수 자체가 없다고 하지만 자금 조달 방식에 있어서는 분명히 차별점이 생길 수 있다. 예를 들어 은행이나 보험사를 보자. 이들이 아무리 날고 기는 재주가 있고 뛰어난 시장 또는 재무 분석 능력을 가지고 있다고 하더라도 이들이 주식에 투자해서 만들어 낼 수 있는 초과 수익은 거의 존재하지 않는다.

기관투자자들이 자금을 조달하는 방식

은행이 주식에 투자해서 상상 초월의 돈을 벌어들이는 일은 벌어질 수 없다. 이는 마치 생크림 케이크로 파르테논 신전을 만들 수 있을 거란 천진난만한 생각과도 같다.

은행이 가지고 있는 돈은 규모가 수백조 원에 달할지 몰라도 대부분 은행 소유가 아니다. 상당한 금액의 자금이 1년 미만의 단기 부채(예금)로 조달되기 때문이다. 금방 주인에게 돌려줘야 할 돈이다. 예금으로 돈을 조달하는 은행은 그들의 자금을 극도로 안정적인 국채와 담보 대출로 운용할 수밖에 없다. 자기 자본 대비 10배 이상 레버리지Leverage(타인 소유의 돈을 이용해 자기 자본의 이익을 높이는 행위)된 돈을 원금손실 가능성이 있는 장기투자에 사용할 경우 한 방에 훅 갈 수 있기 때문이다. 금융의 역사는 잘난 체하며 이 규칙을 무시했다가 한 방에 훅 간 은행들의 사체로 가득하다. 규모는 거대할지 모르지만 단단함이라는 측면에서 은행의 돈은 생크림 케이크와 다를 바가 없다.

보험사를 살펴볼까? 은행 자금보다 규모가 작기는 하지만 보험사의 자금은 조달의 단위가 10년 단위로 이루어진다. 은행보다 자금의 질이 조금 더 양호한 편이지만 결국 마찬가지다. 보험사는 언젠가는 고객에게 사망보험금과 연금 등으로 지급해야 할 돈, 즉 부채로 조성된 자금을 운용한다. 은행만큼이나 레버리지가 높기 때문에 투자는 매우 제한적으로 이루어질 수밖에 없다. 이들의 돈 또한 단단함의 정도가 우유식빵 수준을 벗어나지 못한다.

전문가가 운용하는 뮤추얼펀드를 볼까? 약간의 차이는 있지만 본질적으로 이들의 자금 조달 구조 또한 허약하기 짝이 없다. 대다수의 펀드는 투자자들의 자금을 통제할 수 없기 때문이다. 뮤추얼펀드의 자금은 조금이라도 손실이 나면 대규모로 환매가 이루어지는 휘발성 강한 돈들이다. 이런 자금은 리스크 있는 투자에 투입되기는 하지만 변덕이 심해 절대 장기투자가 이루어질 수 없다. 이들의 돈 또한 유리컵 정도일 뿐이다. 단단해 보여도 조금만 힘을 주면 와장창 깨져버린다.

연기금도 마찬가지다. 연기금이란 그 규모와 운용 방식에서 금융권 최강의 투자자로 여겨지지만, 이들이 가진 모든 자산은 언젠가 연금이라는 형태로 국민에게 돌아가야 하는 초장기부채다. 빛의 속도로 진행되는 우리 사회의 고령화는 연기금의 초장기부채가 점점 장기부채, 중장기부채, 단기부채로 그 가중만기Duration가 빠르게 짧아진다는 것을 의미한다. 이들이 가진 돈은 지금이야 얼음덩어리처럼 단단하지만 시간이 지나면 점차 빠르게 녹아내릴 것이다. 그 시점에 국민연금은 5%의 손실도 감당하지 못할 것이다.

그리고 외인 투자자가 남는다. 이들의 자금은 본국 투자기관의 투자정책 변화에 민감하게 반응할 수밖에 없다. 절대 단단하지 않을뿐더러 신뢰할 수도 없다. 이들의 견고함은 어니언 베이글 수준에서 벗어나지 못한다.

금융기관에는 전문 인력과 노하우와 시스템과 규모의 경제가 존재하지 않느냐고 생각할 수 있다. 하지만 이를 상쇄하는 관료적인 업무 체계, 사내 정치와 실패를 회피하려는 강력한 유인이 동시에 존재한다. 게다가 그들이 보는 자료가 일반 개인이 보는 자료와 큰 차이가 있는 것도 아니다. 누군가가 말했듯이 구글로 인해 대학생과 금융기관 CEO가 정보를 접하는 속도와 질에는 큰 차이가 존재하지 않는다.

기관투자자들은 15% 수준의 손실을 감내하지 못한다. 그 정도의 손실이 발생하기 한참 전에 이미 모든 임원은 물갈이될 것이고, 손실이 10% 수준에 근접하면 대부분의 금융기관이 문을 닫고 청산되어야 한다. 펀드의 경우 조금 양호하지만 20~40% 수준의 손실에 도달하면 사실상 많은 양의 투자자금이 빠져나가 펀드는 구멍 난 풍선처럼 쪼그라들어 버린다.

개인투자자들이 피를 토하는 이유

그러나 개인투자자들의 돈은 그렇지 않다. 예를 들어보자. 현재 내게 3억 원이 있고 매년 7천만 원의 잉여현금흐름이 발생한다고 가정했을 때, 일정 수준의 금융 상식만 있다면 손실에 대한 내 돈의 내성은 화강암 덩어리만큼이나 단단하다. 내 돈에 비하면 은행, 보험사, 펀드, 연기금의 자금 손실 내성도는 방금 막 구워낸 마카롱에도 미치지 못한다.

내 피지컬 경쟁력은 오징어 수준이지만, 내 돈이 제대로 투자될 경우 가질 수 있는 경쟁력은 조인성에 버금갈 것이다. 이렇게 생각하면 개인투자자가 주식시장에서 허구한 날 기관투자자와 외인에게 뜯어먹히고 있다는 뉴스는 존재할 수 없다. 만약 각각의 개인투자자가 적정 수준의 금융 상식을 갖추고 검소한 삶을 살면서 구축한 잉여현금으로 주식시장에 투자했다면 말이다. 기관투자자들이 자신들이 만든 투자 의사결정 기준을 준수하기 위해 피를 토하며 뱉어내는 매물을 헐값에 받아내는 것은 대다수의 개인투자자여야 한다. 그러나 현실은 그 반대다. 이것은 두 가지로 설명할 수 있다.

첫 번째는 개인투자자들에게 앞서 말한 그 적정 수준의 금융 상식이 없다는 것이다. 사실이다. 개인투자자들은 대부분 정보와 광고를 잘 구분하지 못하기 때문이다. 그러나 그것만으로는 이런 현실을 온전히 설명할 수 없다.

더 강력하게 현실을 설명하는 것은 개인투자자들의 투자자금의 손실에 대한 내성이 썩은 생크림 케이크보다도 약하다는 사실이다. 주식시장에 투자하는 개인투자자들의 상당수가 신용대출이나 마진 거래를 활용한다. 당연하게도 빚으로 조달된 자금은 장기투자로 이어지지 못한다. 그들의 투자는 단기간에 높은 수익을 올린 다음 빚을 청산하고 남은 돈으로 마시멜로를 사 먹는 것을 목적으로 이루어진다. 이 경우 충분한 수준의 분산 투자가 이루어지지 못하며 필연적으로 변동성이 큰 종목으로의 '몰빵 투자'가 이루어질 수밖에 없다. 이런 방식의 투자가 성공할 가능성은 거의 없다.

설사 빚으로 조달되지 않은 돈으로 투자한다고 할지라도 마찬가지다. 개인투자자들의 자금은 결혼자금으로, 자녀 교육비로, 주택구입자금으로, 노후자금으로 쓰일, 필요한 돈인 경우가 대부분이다. 당장은 빚이 없다고 생각할지 모르지만, 이렇게 미래에 거의 확정적으로 예상되는 지출은 본질적으로 부채와 동일하다. 그리고 이런 돈으로 투자에 성공하는 것은 불가능하다. 투자의 신이 온다고 해도 이런 돈으로 초과 수익을 달성할 수 없다.

하지만 절제하고 절약하고 저축해서 만들어낸 돈은 다르다. 이 돈은 금액 자체는 적을지 몰라도 강도 측면에서는 다른 그 어떤 자금들과도 비교되지 않을 만큼 단단하다. 돈이 극도의 강성을 가지는 순간은 '없어도 그만일 경우'다. 이런 돈으로 투자가 이루어질 경우 손실에 대하여 극도로 강한 내성을 가지게 된다.

다른 모든 경제 주체가 피를 토하며 자신의 의사에 반하는 손절매를 해야 하는 순간에도 버틸 수 있다는 의미다. 잉여현금흐름을 가지고 있다는 것은 그런 순간 오히려 더 추가 매입을 할 수 있다는 의미다. 단기적인 손실에 초연하게 20년, 어쩌면 50년 단위의 투자 기간을 유지할 수 있다는 뜻이다. 이런 포지션을 구축할 수 있는 경제주체는 사실상 개인투자자 외에 존재하지 않는다. 기관투자자란 궁극적으로 개인투자자들에게 소유된 주체에 불과하며 필연적으로 배당과 청산, 환매라는 의무에 매여 있는 존재이기 때문이다.

오징어에게 남은 마지막 한풀이

주식시장은 단기적인 손실을 감내하며 장기적으로 자본을 제공한 주체에 보상한다. 이것을 리스크 프리미엄Risk Premium이라고 한다. 단기적인 불확실성과 손실을 견뎌준 투자자에게 주식시장은 장기적인 안정성과 수익을 함께 제공한다. 이것이 작동하는 이유는 단

하나다. 이것을 해줄 수 있는 개체가 희소하기 때문이다. 시장은 희소성에 돈을 지급한다. 그러므로 사실상 개인투자자가 만들어 낼 수 있는 투자 차별화 요소는 조달에 있다. 절제와 절약, 저축에 있다. 그러므로 검소해야 한다. 검소하게 살면서 잉여현금흐름을 만들어야 한다. 그러면 화강암만큼이나 손실 내성이 강한 자금을 만들 수 있다. 그 자금으로 투자할 때 그를 너끈히 이길 수 있는 상대는 거의 존재하지 않는다.

나는 종종 생각한다. 키 185cm에 빨래판 복근을 가지고 있으면 지구란 얼마나 멋진 곳이 될지. 잉여현금흐름으로 투자한다는 것은 185cm의 키에 빨래판 복근을 가진 채 수컷 오징어들이 득실거리는 클럽에 입장하는 것과 마찬가지다. 하지만 다시 태어난다 해도 이 피지컬 조건을 가지기란 불가능하다. 하지만 나는 그냥 오징어가 아니다. 나는 잉여현금흐름을 가지고 있다. 그렇기에 자신할 수 있다. 투자에서만큼은 누구에게도 지지 않는다고. 잉여현금흐름으로 투자하는 것은 나에게 있어서 일종의 한풀이와 비슷하다. 그러므로 오징어를 닮아 한이 많다면 검소하게 살아야 한다. 타고난 것은 바꿀 수가 없다. 그러나 검소하게 살면 잉여현금흐름을 만들 수 있고, 잉여현금이 있으면 차곡차곡 수익률을 쌓아서 탑을 만들 수 있다. 클럽이고 나발이고 최후의 최후에 최종적으로 승자를 가르는 것은 마지막에 누가 더 높은 탑을 가지고 있는가다. 이것만이 불변의 법칙이며 오징어들의 최후 목표이기도 하다.

부자들은 모두 은행에서 출발한다

그러므로 만국의 오징어들이여, 지구를 정복하기 위해 검소하게 살자. 검소한 삶은 그 자체로 더 높은 투자 수익률을 만들어 낸다. 장수한다면 언젠가 검소함의 힘으로 그동안의 한을 풀 수 있다는 뜻이다. 다행히도 방법만 제대로 알고 있다면 검소함이란 그 어떤 재능보다 쉽게 얻을 수 있는 재능에 속한다. 금융시스템이란 것도 사실상 만들어 낸 시스템이니 작동 원리만 어느 정도 이해하면 누구나 활용할 수 있다. 그러므로 타고나지 않은 것들에 관한 한풀이가 필요하다면 검소하게 살아야 한다.

글쓰기가 내게 재테크인 이유
블랙 스완과 바벨전략

채권에 투자하는 전략 중에 바벨전략이라는 것이 있다. 매우 단순하다. 채권을 만기에 따라 일직선으로 정렬한다. 만기가 짧은 채권일수록 왼쪽에, 만기가 긴 채권일수록 오른쪽에 배치한다. 가장 왼쪽에는 1~90일짜리 채권들이 자리할 것이다. 가장 오른쪽에는 만기가 30년 혹은 그 이상인 채권들이 자리할 것이다. 바벨전략은 과감하게 포트폴리오를 가장 왼쪽의 단기 채권들과 가장 오른쪽의 장기 채권들로만 채우는 것이다.

이때 포트폴리오의 채권 만기 분포는 헬스장에서 흔히 볼 수 있는 바벨과 유사하다. 일반적인 채권 포트폴리오가 맹물이라면 바벨 전략은 아메리카노라고 해야 할까? 채권투자는 대체로 지루한 영역이지만 바벨전략은 여기에 활력을 줄 수 있는 작은 일탈이라고 할 수 있다. 사실 이에 관해 더 자세히 알아야 할 필요는 없다. 바벨전략은 채권 세계에서 지엽적으로 사용되는 고유명사 수준에 불과하니까 말이다. 이 고유명사가 전 세계에 널리 알려진 것은 나심 니콜라스 탈레브Nassim Nicholas Taleb의《블랙 스완》이라는 책을 통해서였다.

블랙 스완Black Swan이란 발생할 확률이 극도로 낮아 사실상 거의 불가능하지만 일단 발생하면 모든 것을 초토화할 수 있는 현상이다. 이론상 블랙 스완은 수천, 수만 년에 한 번씩 발생해야 하지만, 현실에서는 이보다 훨씬 더 많은 블랙 스완이 등장한다. 게다가 현재 세상은 점점 더 표준화되고 있고, 상호 연결되고 있으며, 복잡해지고 있고, 빠르게 변화하고 있다. 이것은 블랙 스완이 점점 더 자주 출몰할 수 있는 최상의 조건이 된다.

본질적으로 블랙 스완은 예측하거나 통제할 수 있는 사건이 아니다. 그렇다고 이를 활용할 수 없는 것은 아니다. 실제로 나심 니콜라스 탈레브는 앞으로 블랙 스완이 더욱 빈번하게 등장할 것이 분명하므로 자신은 이를 고려한 포트폴리오를 운용한다고 이야기한다. 그리고 그는 이것을 (균형이 한쪽으로 매우 치우치긴 했지만) 바벨전략이라고 불렀다. 그에 따르면 '포트폴리오의 85% 정도는 가장 안전한 것에 처박아 넣고, 나머지는 가장 투기적인 블랙 스완의 영역에 넣는 것이다. 이 전략은 중간의 위험을 나타내며, 검은 백조의 출현은 긍정적인 효과를 불러일으키는 존재가 된다.

바벨의 오른쪽 끝

직장 동료 중에 파로스라는 남자가 있다. 파로스는 매주 월요일 점심시간이면 10분 정도를 걸어서 로또를 사러 가곤 했다. 지갑 속에 소중히 접혀 있는 로또를 생각하면 파로스의 심장은 작게 쿵쿵거렸다. 로또의 당첨 확률이 천문학적으로 낮으며 파로스가 과거 10년 동안 단 한 번도 당첨된 적이 없다는 사실은 별로 중요하지 않다. 5천 원짜리 로또는 파로스 삶의 청량제였다. 어쩌면 그는 로또를 통해서만 자신이 아직 살아 있다고 인식하는지도 모른다.

수학적으로 파로스의 행위는 멍청하기 짝이 없었지만 나는 파로스를 이해할 수 있었다. 나에게도 복권이 한 장 있었기 때문이다. 내가 가진 복권의 이름은 글쓰기였다. 내가 쓴 책이 베스트셀러가 되는 생각을 하면 가슴이 콩콩거린다. 다만 파로스와 다르게 나는 월요일마다 편의점에서 새로 복권을 살 필요가 없다.

완전히 무작위로 이루어지는 로또 번호 선정과 다르게 글쓰기에는 일정한 법칙이 적용되며 어느 정도 제어도 가능하다. 무엇보다

부자들은 모두 은행에서 출발한다

글쓰기에는 돈이 들지 않는다. 그럼에도 당첨금은 로또와 비교할 게 못 된다. 역사상 가장 유명한 글쓰기 복권 당첨자는 JK 롤링일 것이다. 그녀는 글쓰기로 약 1.5조 원이 넘는 돈을 벌어들였다. 말콤 글래드웰Malcolm Gladwell, 김진명, 유발 하라리Yuval Harari, 류시화 모두가 이 복권의 당첨자이고 세상에는 아마 글쓰기라는 복권에 당첨된 수천, 수만의 사람들이 살고 있을 것이다.

대박을 노린다는 측면에서 나와 파로스는 비슷한 종류의 꿈을 꾸고 있다. 하지만 우리가 꾸는 꿈이 동일한 것은 아니다. 파로스가 구입한 로또는 블랙 스완과 전혀 무관하기 때문이다. 글쓰기와 다르게 로또의 당첨 가능성은 완벽한 가우스 정규분포를 따르며 당첨금이라는 상방 한계가 존재한다.

현실에서의 삶은 정규분포를 따르지 않는다. 블랙 스완이 쉴 새 없이 출몰하는 이곳에서 바벨전략을 구사해야 하는 것은 어찌 보면 당연한 일이다. 예를 들어 내가 틈틈이 글을 쓰는 것은 바벨의 오른쪽 끝, 블랙 스완에 약간의 베팅을 하는 것과 같다. 요령은 단순하다. 인생을 하나의 투자라고 생각하고 자신의 삶의 80~90%를 가장 안전한 방식으로 투자한다. 이것이 바벨의 왼쪽 부분이다.

그리고 남은 10~20%를 성공확률이 매우 낮지만 일단 성공하면 수익의 상방 한계가 존재하지 않는 블랙 스완(예컨대 사업, 글쓰기), 즉 바벨의 오른쪽 부분에 투자하는 것이다. 운이 좋은 사람이라면 오늘 밤에라도 블랙 스완이 방문을 넘어와 품속에 안길지도 모른다.

아마 대부분 실패하겠지만 그렇다고 할지라도 남은 80~90%의 안전한 투자가 남아 있다. 바벨전략은 합리적일뿐더러 현실에서 제정신을 유지할 수 있도록 하는 탁월한 항우울제라고도 할 수 있다.

지금까지 검소한 삶의 중요성에 관해 지속해서 이야기한 것은 이 때문이다. 다시 언급하자면 검소한 삶은 직장생활을 한결 견디기 수월하게 만들어 준다. 검소한 삶은 삶에 더 많은 시간을 할애하게 한다. 검소한 삶은 몸을 더 건강하게 해준다. 그리고 이 모든 것은 결국 바벨의 오른쪽에 10~20%를 합리적으로 투자하기 위한 최소한의 조건이다. 이것이 없으면 10%의 투자는커녕 바벨의 오른쪽에 대해 생각조차 할 수 없다. 프로 야근러에게는 미래가 없는 법이다.

바벨의 오른쪽 끝은 매혹적인 분야이지만 이 책의 진정한 주제는 아니다. 바벨의 오른쪽 끝에 살고 있는 블랙 스완(혹은 우연이나 기적이라고 이야기해도 상관없다)은 그 속성상 체계적으로 기술될 수 없다. 세상에 존재하는 많은 경영서와 자기계발서가 서로 동일한 주제에 대해 완벽히 다른 주장을 하는 것은 이 때문이다. 그러므로 지금부터는 이 책의 진정한 주제인 바벨의 왼쪽 끝에 관해 이야기하려고 한다.

바벨의 왼쪽 끝

오래전 나는 부자가 될 수 있는 다섯 가지 방법에 대해 연구했다. 그리고 그 방법을 통해 부자가 될 수 없을 것이라는 사실을 깨닫고 절망했다. 그중에는 투자와 저축이라는 방법이 있다. 투자와 저축은 부자가 될 수 있는 방법으로 충분하지 못했다.

먼저 저축에 관해 다시 생각해 보자. 내 계산법에 따르면 우리는 전쟁터 같은 직장생활을 견디며 20년을 꼬박꼬박 저축해서 50살 무렵 14억 원, 현재가치로 10억 원을 모을 수 있다. 하지만 50살에 14억 원을 보유한 사람은 부자로 분류되기에는 좀 애매하다. 게다가 10억 원이라는 돈은 이상적인 상황을 가정한 것이다. 우리의 투자는 언제든 막대한 손실이란 결과로 귀결될 수 있고, 인플레이션이 미쳐 날뛸 수 있고, 자식 농사에 얼마의 돈이 들지 알 수 없으며 이것 말고도 이런저런 사건·사고가 발생할 수 있다. 이 수많은 요인 중 하나라도 잘못되면 50살 무렵 다시 이력서를 작성해야 하는 처지가 될 것이다.

투자라는 방법도 다시 생각해 봐야 한다. 이 방법은 금융시장을 학습하고 투자해서 지속적이고 반복적인 수익을 올려 부자가 되는 것이다. 하지만 이는 통계적으로 가능성이 매우 작다. 금융시장은 너무 복잡해 그 누구도 온전히 이해하지도, 예측하지도 못하기 때문이다.

이 방법으로는 누구도 부자가 될 수 없다. 실제로 나는 은행에서 많은 부자를 만나지만 이 두 가지 방법만으로 부자가 된 사람을 단 한 번도 본 적이 없다. 하지만 이 두 가지 방법은 일종의 크림치즈라고 할 수 있다. 투자와 저축이라는 크림치즈를 올려 먹을 수 있는 베이글은 바로 검소한 삶이다. 지구에서 행복하기 위해서는 뜨거운 베이글 위에 크림치즈를 올리는 방법을 잘 알아야 한다.

바벨의 오른쪽 끝과 마찬가지로 왼쪽 끝에서도 검소한 삶이 가장 중요하다. 일반적인 사람들은 검소한 삶 없이 바벨의 왼쪽에서 어떤 차별적 요소도 가질 수 없다. 이것은 확정적인 패배를 의미한다. 검소한 삶은 잉여현금흐름을 만들고, 잉여현금흐름으로 만들어진 투자자금은 내성이 강하다. 손실에도 끄떡없을 돈을 갖는 것은 쉬운 일이 아니다. 내성 강한 투자자금만이 장기적으로 높은 수익률을 만들 수 있다. 검소한 삶과 조화된 저축과 투자는 평범한 사람이 부자가 될 수 있는 가장 확실한 방법이다.

한때 나는 부자가 되는 것이 불가능한 일이라고 생각했다. 그러나 지금은 그렇지 않다. 부자가 될 수 있다. 행복해질 수 있다. 심지어 어렵지도 않다. 지금부터는 바벨의 왼쪽 끝에서 베이글 위에 크림치즈를 올리는 방법에 관해 이야기하려고 한다.

부자들은 모두 은행에서 출발한다

나는 오늘 메로나가 땡긴다
지출과 행복은 비례하지 않는다

내게 허락된 메로나는 단 1개뿐이었다. 상수Constant라고 할 수 있을 것이다. 그러나 메로나 1개는 내게 부족했다. 그러므로 나는 메로나를 먹을 때면 어떻게든 그 작은 아이스크림 조각에서 최대의 만족을 뽑아내기 위해 발버둥 쳤다. 처음 몇 년 동안 나는 메로나를 핥아서 천천히 녹여 먹곤 했다. 이 방법은 메로나를 조금 더 오래 즐길 수 있다는 장점이 있다. 하지만 단단하게 언 메로나가 어금니 사이에서 '사각'하며 녹아내리는 맛을 느낄 수가 없었다. 그러므로 나는 때때로 메로나를 녹여서 먹다가 이로 깨물어 먹기도 했으며, 처음에는 녹여 먹다가 나중에 깨물어 먹기도 했다.

하지만 그 어떤 방법으로도 나는 1개의 메로나에서 1개를 초과하는 메로나 만족을 만들어 낼 수 없었다. 수없이 많은 시도 끝에 나는 결론을 내렸다. 이 우주에 1개의 메로나에서 1.5개의 메로나 만족을 만들어 내는 방법 같은 건 없다고.

스크류바는 메로나의 만족을 줄 수 없다

처음으로 스크류바와 조우한 날을 기억한다. 뺄뺄 꼬인 그 빨간색 아이스크림에서는 상큼한 딸기향이 풍겼다. 나는 스크류바의 딸기향에 이끌려 그것을 넋이 나간 사람처럼 바라만 보고 있었다. 손에 쥔 메로나가 천천히 녹아내리는 것도 알지 못한 채 말이다. 그렇게 메로나의 커다란 덩어리가 땅바닥에 떨어져 버렸다. 경악스러운 경험이었다. 그날 나는 메로나 1개에서 1.5개의 메로나 만족은커녕 0.5개의 메로나 만족도 얻지 못했다.

이것은 내가 살고 있는 곳의 근본적인 뒤틀림을 깨닫게 해준 최초의 사건이었다. 이 거지 같은 우주에 살고 있는 한 나는 1개의 메로나에서 1.5개의 메로나 만족을 얻을 수 없다. 물리적으로 불가능하다. 그러나 1개의 메로나에서 0.5개(심지어는 0개)의 메로나 만족밖에 얻지 못하는 것은 가능하다. 아니, 가능하다는 표현은 맞지 않다.

잠시라도 방심하면 그렇게 되고야 마는 것이다. 눈이 닿는 모든 곳에 형형색색의 아이스크림이 널려 있으니 말이다. 이 우주는 우리에게 불리한 방향으로 꼬여 있고 그 결과 우리는 만성적인 만족 결핍에 시달릴 수밖에 없게 되었다.

이것은 메로나의 잘못도, 스크류바의 잘못도, 나의 잘못도 아니다. 그냥 이 세계가 이렇게 가혹한 방식으로 작동하고 있는 것이다. 하지만 나에게도 반격의 기회는 남아 있다. 거부권의 행사다. 자유의지를 가진 존재로서 나는 의지를 담아 거부권을 행사할 수 있다. "스크류바! 메로나의 이름으로 널 거부하겠다"라고 거부권을 행사하는 것이다.

그러나 그 누가 스크류바를 마음속에서 완벽하게 지울 수 있겠는가? 불가능하다. 그러므로 메로나 1개에서 완벽한 1개의 메로나 만족을 얻는 것은 영원히 불가능할 것이다. 하지만 모든 의지를 다해 거부권을 행사하면, 메로나에서 얻을 수 있는 메로나 만족을 1에 매우 근사한 수준까지 올려놓을 수 있다. 이것이 메로나를 먹는 완벽한 방법은 아니겠지만, 최선의 방법인 것은 확실하다.

하나의 삶은 하나의 메로나와 다르지 않다. 그러므로 나는 하나의 삶에서 하나의 삶만큼의 만족을 뽑아내는 것 역시 비슷한 방법으로 가능하리라고 생각했다. 내가 정말로 원하는 것 외의 존재들을 거부하면 삶의 만족을 1에 가깝게 높일 수 있다고 말이다. 하지만 이를 아는 것과 삶에서 거부권을 실천하는 것은 전혀 다른 문제였다.

내가 마주한 가장 큰 문제는 거부권 행사 그 자체가 아니었다. 정말로 어려운 문제는 내가 삶에서 정말로 원하는 것이 무엇인지 모른다는 사실이었다. 내가 살아가면서 가장 큰 가치를 둘 곳이 가족인지, 성공인지, 예술인지 혹은 다른 곳에 있는지 나는 알지 못했다. 이 수많은 것 중에 무엇을 선택하고 무엇을 버려야 한단 말인가? 여기에 어떻게 순위를 매길 수 있단 말인가? 이렇게 큰 범주의 선택조차 하지 못하는 내가 어떻게 그보다 더 세부적인 선택을 할 수 있단 말인가? 거부권을 행사하기 전에 선택이라는 과정이 종결되어야 하는데, 나는 이 선택조차 내리지 못했다.

아마도 가장 좋은 방법은 맛보기일 것이다. 우선 삶이 줄 수 있는 모든 형형색색의 맛을 모두 음미해 본다. 여행도 해보고, 연애도 해보고, 술도 마시고, 운동도 해보고, 글도 써보고, 사진도 찍고, 음악도 해보는 것이다. 그리고 그중 나에게 가장 큰 기쁨과 의미를 주었던 것을 선택한다. 그것을 제외한 모든 것을 거부하면 된다. 그러면 나는 생의 만족이 1에 가까운 충만한 삶을 살 수 있을 것이다.

하지만 애석하게도 나는 이 방법을 사용할 수 없었다. 어려서부터 별로 하고 싶지도 않은 공부를 하느라 20세까지 별다른 경험이랄 것을 해본 적이 없었다. 대학교에 들어가서도 대부분 취업 준비를 하느라 진로를 탐색할 별다른 시간이 없었다. 봄날의 꽃 같은 연애를 해보지 못했고, 미지의 세계를 향해 여행을 떠나지도 못했다. 무미건조하게 살다가 취업을 했고, 야근을 밥 먹듯이 했고, 결혼했

부자들은 모두 은행에서 출발한다

다. 그래서 나는 그 순간까지도 내가 삶에서 정말로 원하는 것이 무엇인지 알지 못했다.

그러나 그 순간에도 내 손의 아이스크림은 거침없이 녹아내리고 있었다. 나는 무엇도 선택하지 못했고 거부권도 행사하지 못한 채 어정쩡하게 서 있었다. 부조리했다. 세상에는 형형색색의 아이스크림이 존재하는데 나는 그중 한두 가지도 제대로 맛보지 못한 상태로 선택을 해야만 하는 것이다. 이 상태로는 0.3개의 생의 만족도 얻지 못한 채 생을 마감할 것 같았다. 초조했고 불안했다.

의지를 담아 너를 거부한다

나는 검소하게 살아야 했다. 달랑 500만 원을 가지고 결혼 생활을 시작하느라 아내가 무척 힘겨워했기 때문이다. 신혼생활을 시작한 아파트는 수도꼭지를 틀면 녹물이 쏟아져 나오는 곳이었다. 녹물이 나오지 않는 아파트는 눈알이 튀어나오게 비쌌다. 그래서 우리 부부는 검소하게 살아야만 했다. 삶에 불요불급한 것을 제외하곤 모두 거부해야 했다. 닥치고 일단 거부권부터 행사해야 했다. 선택 따위 없어도 상관없었다.

최초의 거부는 '요맘때'였다. 요맘때가 내게 다가와 이야기했다. 해외여행을 좀 다니라고. 비행기를 타고 지중해에 가서 바닷바람을 좀 쐬거나, 히말라야 트레킹 같은 것을 하면 기분 전환이 될 것이라고 말이다. "바다 너머에는 너에게 영감을 줄 수 있는 수많은 사람과 장소, 음악이 있어. 시간이 지나고 네가 늙으면 그것들은 더 이상 너에게 지금과 같은 기쁨과 영감을 줄 수 없을 거야." 그 말이 맞을지도 모른다. 나는 바다 너머에 뭐가 있는지 잘 모른다. 어쩌면 거기에 내가 평생을 찾아왔고, 또한 오랜 시간 나를 기다려온 무언가가 있을지도 모른다. 내 삶의 의미가 거기에 있을지도 모른다. 그러나 거기에는 비행기 삯과 호텔비를 포함한 온갖 초과 비용이 필요했다. 그러므로 나는 말할 수밖에 없었다. 거부한다고.

그다음은 '돼지바'였다. 그는 내게 와서 금요일에 삼겹살에 소주 한잔하자고 말했다. 그의 몸에서는 성공한 남자의 자신감과 활력이 뚝뚝 떨어졌다. "사회생활이 다 그런 거야. 같이 삼겹살과 소주를 먹고 형, 동생 하는 거지. 그렇게 서로를 지켜주는 거야. 서열이란 사다리는 서로 밀고 이끌어 주는, 무리 지어 함께하는 게임이기에 혼자서는 버틸 수 없어. 너에게는 내가, 나에게는 네가 필요해." 그가 말했다. 그의 말이 맞다는 것을 알았다. 나는 낙오하고 싶지 않았다. 하지만 거기에는 술값 그리고 턱없이 비싼 2차 비용과 심야 택시 할증이 붙는다. 그러므로 나는 말할 수밖에 없었다. 거부한다고.

그들을 거부하면서 나는 내 삶의 많은 가능성이 통째로 허물어져 내리는 상실감을 맛보았다. 그러나 나는 거부했다. 그들이 내 삶의 구원일지도 모른다는 가능성을. 그리고 그들이 의미하는 그 모든 표상과 세계관을 거부했다. 그 이후에도 나는 '보석바'와 '메가톤바', '누가바'와 '비비빅'을 차례차례 거부해야 했다. 각각의 거부에는 독특한 슬픔이 있었다. 그들을 완전히 잊을 수는 없을 것이다. 하지만 자유의지를 가진 존재로서 나는 의지를 담아 그것들을 거부할 수 있었다. 나는 거부권을 행사했다. 거부권 행사의 횟수가 증가할수록 그것들이 내는 소리가 조금씩 작아져 갔다.

이 우주에는 세상의 모든 아이스크림을 다 주어도 바꾸고 싶지 않은 음악과 글이 존재한다. 놀라운 사실은 이 모든 글과 음악을 공짜에 가까운 가격에 먹을 수 있다는 것이다. 먹고 또 먹을 수 있다. 이것은 이런 부조리한 세상에 우리를 홀로 남겨 놓은 것이 무지하게 미안했던 누군가가 남겨놓은 선물이 아닐까? 나는 이 이론에 대한 다른 증거들을 가지고 있다.

증거 ①

몇 해 전 나는 남산에서 달리기를 한 적이 있다. 7.84km쯤이었을 것이다. 주변에는 아무도 없었다. 마침 바람이 불었고 지천으로 벚꽃이 쏟아져 내렸다. 그때 나는 참 기뻤다. 돈도 직장도 애인도 없었지만 정말로 기뻤다. 태어나 처음으로 나는 이 우주에 내가 홀로 남은 것이 아니라는 느낌을 받았다.

증거 ②

몇 달 전 나는 놀이터에서 놀고 있는 아이를 바라보며 벤치에 앉아 있었다. 아이는 처음 만난 친구와 즐겁게 놀고 있었고 나는 글을 쓰고 싶다고 생각했다. 무릎 위에 휴대폰과 키보드를 놓고 글을 쓰기 시작했다. 그때 나는 내 안에서 글이 저 혼자 빚어져 밖으로 튀어나오는 경험을 했다. 그렇게 한 시간쯤 글을 썼다. 이때도 나는 참 기뻤다.

증거 ③

류시화, 테드 창, 박민규와의 첫 만남이 기억난다. 서점을 걷고 있는데 이들이 나를 불렀다. 집요한 인력이 내 목덜미를 잡고 끌어당겼다. 이들의 글을 읽으면서 나는 거미가 척추를 타고 기어오르는 느낌을 받았다. 참 기뻤다. 세상에는 증명할 수 없는 인연이란 것이 있다고 느꼈기 때문이다. 이런 경험은 책에 국한되지 않는다. 내가 좋아하는 음악이나 영화의 상당수는 이렇게 나를 끌어당겼다. 그리고 그때마다 나는 참 기뻤다.

그리고 내게는 훨씬 더 많은 증거의 목록이 있다. 내가 살아오면서 남발한 그 수많은 거부에도 불구하고 나는 내가 행복했던 일상의 목록을 끊임없이 적어 내려갈 수 있다. 놀랍게도 이들은 모두 돈이 들지 않거나, 거의 들지 않는다. 지출과 행복에는 생각보다 별

상관관계가 없다. 오히려 역의 상관관계가 존재하는지도 모른다. 만약 내가 매일 밤 보석바에 취해 비틀거렸거나 주말마다 쌍쌍바, 죠스바 같은 것을 위해 시간과 돈을 허비했다면 이런 순간들을 제대로 만끽할 수 없었을 것이다.

거부를 남발하는 내게 누군가가 말했다. 그렇게 살다가 후회할 것이라고. 중용을 지키라고 말이다. 나는 그에게 말하고 싶었다. "천만에요. 절대로 후회하지 않을 겁니다. 그리고 저 중용 싫어해요."

만약 당신이 삶에서 무엇을 선택해야 할지 몰라 혼란스럽다면, 또는 나처럼 중용을 싫어하는 사람이라면 나는 말하고 싶다. 일단 삶에서 지출을 유발하는 모든 것을 다 거부해 보라고 말이다. 선택 따윈 필요 없다. 지금까지 선택을 못했다면 앞으로도 못할 것이다. 그러니까 일단 혼신의 힘을 다해 다 거절하고 그다음에 생각하자. 당신이 거부하고 거부하고 거부해도 끝내 거부하지 못한 것이 있을 것이다. 그것이 당신의 메로나다.

2

예금은
틀리지 않는다

은행, 모든 재테크의 출발점

부자들의 제1거래처
부자의 스타트 블록, 은행

KB경영연구소에서는 매년 〈한국의 부자들〉이라는 보고서를 출간
한다. 부자들의 현황과 투자에 대한 생각을 통계로 보여주는 자료
다. 2019년 발간된 자료에서 내가 흥미롭게 봤던 부분은 부자들 중
에 예/적금을 장기적 투자 유망처라고 생각하는 사람이 1.5%에 불
과했다는 사실이다. 이 사실 자체만으로는 큰 의미를 부여하기 어
렵다. 코로나 사태 발생 직전이었고, 계속해서 금리가 낮아지는 시
점에서 예금과 적금이 장기적으로 좋은 투자처라고 생각하는 사람
은 아무도 없었을 테니까 말이다. 사실 여기서 주목해야 할 것은 부

자들의 자산에서 현금성 자산(현금, 예/적금 등)이 차지하는 비중이었다. 부자들은 총 자산의 23.2%를 현금으로 보유하고 있었다.

부자 중 예/적금을 유망한 투자처라고 생각하는 사람은 거의 없다. 그러나 그들 대부분이 자산의 상당 부분을 현금성 자산으로 보유하고 있다. 이 모순된 상황을 어떻게 설명할 수 있을까? 나는 그 원인이 부자들이 부자가 된 방법과 관련이 있다고 생각한다. 부자들이 현재의 부를 이룰 수 있었던 가장 주된 원천은 사업 소득(47%)이며, 그다음으로 부동산 투자(22%)를 꼽는다. 그런데 이 두 가지 방법으로 부를 창출해 내기 위해서는 반드시 종잣돈이 필요하다. 돈이 없으면 자기 사업을 할 수 없다. 돈이 없으면 부동산에 투자할 수 없다. 아무리 좋은 기회가 눈앞에 찾아오더라도 돈이 없으면 아무것도 할 수 없다.

장기적인 예/적금 투자가 어리석다는 것을 알고 있음에도 부자들이 자산의 상당 부분을 현금성 자산에 담아두는 것은 이 때문이다. 이들은 살다보면 크고 작은 기회와 위기가 반드시 온다는 것을 경험적으로 알고 있다. 예를 들어 최근에 발생한 코로나 사태가 그랬다. 정말 많은 사람이 손실을 입었지만 또 그에 못지않은 사람이 이익을 보았다. 이 두 그룹을 가르는 가장 큰 변수는 '누가 더 똑똑하고 용감하냐'가 아니었다. '위기가 닥친 시점에 현금을 가진 사람이 누군가?'였다. 가장 큰 타격을 입은 사람은 위험자산에 투자했거나, 사업을 하면서 한 줌의 현금도 쥐고 있지 않던 사람들이었다.

부자들은 모두 은행에서 출발한다

유대인들의 경전인 탈무드에는 자산 분배에 관한 내용이 나온다. 1/3은 현금에, 1/3은 부동산에, 1/3은 상품에 투자하라는 것이다. 2천 년 전에 만들어진 탈무드를 읽고 영향을 받아 높은 현금 비중을 유지하는 사람은 아무도 없을 것이다. 그럼에도 이들 대부분이 상당한 비중의 현금을 유지하는 것은 살면서 현금이 가진 힘을 몇 번이고 경험했기 때문일 것이다. 부자들이 대부분의 현금성 자산을 예치하는 장소는 압도적으로 은행이다.

그들은 은행에서 시간을 번다

내가 처음 은행에 들어와서 가장 의아했던 것 중 하나는 은행만 이용하는 부자들이었다. 바로 걸어서 갈 수 있는 위치에 증권사가 있고 그곳에서 CMACash Management Account나 다른 우량 단기채권으로 예금과 거의 동일한 투자를 좀 더 높은 이율에 진행할 수 있는데 그들은 그렇게 하지 않았다. 부자란 원래 이렇게 보수적인 사람이라 그런가 싶었지만 그들이 보유하고 있는 부동산이나 펀드, ELS 같은 자산을 감안하면 그렇지도 않았다.

그러나 이제 나 또한 그들을 조금 이해할 것 같다. 아마도 가장 큰 이유는 귀찮음일 것이다. 자산이 늘어날수록 책임져야 할 것, 결정해야 할 것 또한 점점 늘어난다. 심지어 그 모든 것이 점점 더 복잡해진다. 금리 0.1% 더 받겠다고 여기저기 알아보며 시간을 소비하기에 삶은 이미 충분하고도 넘칠 만큼 복잡하다.

내가 근무하는 은행에서 가장 인기 있는 상품은 일정 주기마다 자동으로 재예치되는 예금이다. 정기예금을 재예치하는 단순한 일마저도 자동화해 놓는 것은 부자들 대다수가 너무 바쁘기 때문이다. 이들 중 다수는 통장 발행 자체도 필요 없다고 거절한다. 그런 그들이 공인인증서를 옮기고 각각의 계좌 비밀번호를 암기하며 각각의 금융기관마다 앱을 깔아 그 사용법을 숙지하는 모습은 상상이 되지 않는다. 부자들이 은행을 선호하는 이유는 그것이 삶을 단순하게 만들 수 있는 방법이라서다. 은행을 통하는 것이 조금 더 중요한 일에 집중할 수 있는 좋은 방법이니까 그렇다.

은행은 단순하다. 상품 자체가 그렇다. 예금, 대출, 펀드에 복잡할 것이 뭐가 있겠는가? 은행에서 판매하는 가장 복잡한 상품은 ELS Equity Linked Securities나 DLF Derivative Linked Fund 정도일 텐데, 이런 상품의 복잡성은 최첨단을 달리는 증권사, 보험사 상품의 복잡성과 다양성의 발끝에도 미치지 못한다.

그러나 복잡성, 다양성이 더 높은 수익을 보장하는가라는 질문에는 그 누구도 그렇다고 이야기하지 못할 것이다. 오히려 그 반대다. 복잡성과 다양성은 필연적으로 더 높은 수수료 및 마케팅 비용, 사고 위험으로 직결된다. 상품이 출시될 때마다 이 상품이 없이는 재테크를 논할 수 없다고 하지만 결론은 빤하다. 포털사이트 메인을 장식하는 것은 복잡하고 현란한 최첨단의 상품들이다.

그러나 은행은 보수적이다. 상품은 혁신적이지 않고 단순하다. 부자들이 은행을 선호하는 이유는 단순한, 즉 이해할 수 있는 상품에 투자하는 것의 중요성을 알고 있어서다. 좋은 투자는 단순하고 명료하다. 부자들이 은행을 선호하는 것은 은행에서 제공하는 단순한 상품으로도 충분히 좋은 포트폴리오를 만들 수 있다는 걸 알기 때문이다.

주거래 은행이라는 말의 의미

나는 한번도 부자들이 "나는 ○○은행을 이용하고 있다"라고 말하는 것을 들어본 적이 없다. 부자들은 "나는 ○○은행과 거래한다"라는 말을 사용한다. 이용과 거래는 다르다. 이용이란 단어와 다르게 거래Deal이란 서로가 무언가를 주고받는다는 의미다. 주거래 은행이라는 단어의 존재만 봐도 그렇다.

사업을 해봤다면 공감할 것이다. 규모가 작은 개인사업자라고 할지라도 은행 거래실적은 대출 한도, 대출 금리, 외국환 수수료에 직접적으로 영향을 미친다. 예를 들어 환율을 떠올려 보자. 수출입에 적용되는 환율 마진이 1원 하락되기만 해도 연 수출액이 5천만 달러인 업체는 1년에 5천만 원을 추가 이득으로 가져갈 수 있다. 수수료 같은 것을 전혀 고려하지 않고도 말이다. 부자가 부를 쌓은 가장 주요한 원천이 사업 소득이었다는 점을 기억하자.

은행 거래 정도는 앞에서 언급한 금융 서비스 가격에만 영향을 미치는 것이 아니다. 흔히 말하듯 비 올 때 은행이 가장 먼저 우산을 거둬가는 곳은 대출 외의 거래가 전무한 뜨내기 기업들이다. 당연하다. 비는 모든 곳에서 동시적으로 내리게 마련이고 우산의 개수는 한정적이기 때문이다. 이때 마지막까지 우산이 남아 있는 곳은 자신을 주거래 은행으로 삼고 오랜 시간 동고동락한 기업이 될 수밖에 없다. 이것은 합리적인 행동이다. IMF때 마지막까지 우산의 아래에 있었던 기업 상당수는 20년 가까운 시간이 지났음에도 절대 주거래 은행을 바꾸지 않는다고 한다. 아무리 다른 은행에서 저가로 금리 제안을 하더라도 말이다. 나는 이것이 부자들이 ○○은행과 거래한다고 표현하는 이유라고 생각한다.

개인도 마찬가지다. 은행 거래가 많지 않은 사람이라면 은행을 이용하는 것이 아니라 거래한다고 표현하는지 이해하기 어려울 것이다. 그러나 이렇게 생각해 보자. 거래 규모 상위 20%의 고객이 수익의 80%를 만들어 낸다면? 당연히 은행이 제공할 수 있는 금전적/비금전적 혜택은 상위 고객에게 집중될 수밖에 없다.

살다 보면 결국 담보대출이든 신용대출이든 받아야 할 일이 생긴다. 아이 유학자금을 송금하거나, 해외 부동산을 구입하는 일이 발생할 수도 있다. 이때 이 모든 일을 처리할 수 있는 금융기관은

부자들은 모두 은행에서 출발한다

은행이 유일하다. 그리고 은행의 거래실적은 이런 모든 은행 상품의 가격에 영향을 미친다. 부자들이 하나의 주거래 은행에 집중하는 것은 장기적으로 이런 혜택의 효용이 훨씬 크다는 것을 이해하기 때문이다.

돈은 아니지만 득이 되는 서비스들

휴대폰 거래 활성화에 따라 은행 간 상품 가격 경쟁이 갈수록 치열해지고 있다. 이에 더해 기준 금리는 계속해서 내려가고 있다. 이 두 가지 요소가 함께 결합하여 은행이 상품 판매를 통해 가져가는 마진은 계속해서 하락하고 있다. 이에 은행들이 경쟁에서 취하는 전략은 한 지점으로 수렴한다. 비가격 서비스다.

예를 들어 대부분의 은행은 기업 고객에게 가업승계 지원, 경영 컨설팅, 채용 지원, 세무·법률 자문 같은 서비스를 제공한다. 만약 이런 서비스를 제공받고 기업이 상속세를 20억을 아꼈다면, 그 은행이 금리가 조금 더 높다고 하더라도 기업은 계속해서 그 은행과 거래할 것이다. 금리 경쟁력을 초월하는 이것이 비가격 서비스의 힘이다. 물론 이런 컨설팅이나 자문은 모두 무료로 제공된다.

개인도 마찬가지다. 개인의 경우 오히려 은행의 비가격 서비스에 수혜를 받을 수 있는 분야가 훨씬 더 많다. 절세 컨설팅, 법률 컨설팅, 부동산 매매/관리 자문, 부동산 물건 소개 등 금융과 연관된 거의 모든 영역에서 혜택을 볼 수 있다. 신문에서 ○○은행의 컨설팅 팀에 속한다고 기고하는 사람들을 많이 봤을 것이다. 이들 대부분이 기업과 개인의 재정적인 컨설팅을 하는 사람들이다. 이들이 유난히 더 똑똑하다고는 생각하지 않는다. 그러나 투자에 관해서는 이들의 전문성이 더 높을 수밖에 없다. 전국 각지에서 발생하는 특수한 사례들이 모두 이들에게 모여들기 때문이다.

그러므로 은행에서 제공하는 컨설팅 서비스는 무료임에도 상당히 질이 높다. 어느 정도의 수익성이나 거래실적 기준을 충족시켜야 하지만 딱히 어려운 수준은 아니다. 내 경우도 이런 기준을 충족한다(물론 내가 직원이라는 사실은 고객 등급에는 아무 영향을 미치지 않는다). 몇억 원대의 금융자산이 필요한 것이 아니란 이야기다. 급여 이체, 예금, 신용카드, 대출 등의 거래가 하나의 은행에 모여 있고 거래 년수가 누적된다면 누구나 자문 서비스 이용 필요 허들을 충족시킬 수 있다. 한국에 돈 많은 사람은 생각보다 많지 않고, 은행의 VIP 기준 역시 생각보다 높지 않다.

상속과 투자, 절세라는 행위는 미리 계획하고 준비하는 것이 중요하다. 거래와 계약이 실행되고 사고가 터진 다음 수습을 하는 것은 몇 배의 비용과 노력이 든다. 그렇기 때문에 대부분의 부자들은 미리 전문가의 조언에 따라 미리 전략을 수립하고 대응한다. 사후에 대응하지 않는다. 일이 터진 다음 네이버에 '변호사'나 '세무사'

부자들은 모두 은행에서 출발한다

를 검색한 다음 제일 상단에 뜬 번호를 보고 전화하는 것은 부자의 행동 방식이 아니다. 부자들 대부분이 머리를 싸매고 책상에 앉아서 세금 공부를 하지 않아도 낮은 유효세율을 부담하는 것은 이들이 은행을 통해 적절한 전문가와 쉽게 소통할 수 있기 때문이다. 미리 준비하기 때문이다. 나는 이것이 훨씬 단순하고 효율적인 방법이라고 생각한다.

은행원은 예금을 영업하지 않는다
예/적금과 김밥천국의 김밥

한 후배와 볼링을 치다가 나눈 이야기다. 그는 당시 은행 생활이 그다지 즐겁지 않다고 말했다. 일일 실적관리 대장 때문이었다. 직원들은 매일 실적을 적어서 지점장에게 제출해야 한다. 하지만 기업금융 오퍼레이팅을 담당하는 그로써는 도저히 적어낼 실적이 없어 곤란하다는 것이었다.

그가 관리하는 기업여신의 잔액은 1조 원에 달한다. 그는 한 달이면 거의 700억 원에 달하는 여신들에 대하여 신규며 기한 연장, 신용평가를 진행한다. 그런데 신규로 취급되는 대출 실적을 모두 팀장들이 가지고 가므로 그는 실적 대장에 아무것도 적을 것이 없었다. 사실 그 정도의 업무를 진행하면 신규를 위한 마케팅 활동을 할 시간 따윈 없다. 그런데 매일 텅텅 비어 있는 일일 실적대장을 제출할 때마다 지점장을 거기에 빨간 색연필로 거대한 물음표를 그려서 되돌려 보낸다는 것이다. 그것이 그를 괴롭게 했다. 그는 아무리 열심히 일을 해도 죄인 같고 일하는 보람도 느끼기 어렵다고 이야기했다.

한때는 나도 일일 실적표를 작성해서 제출하는 것이 곤욕이었다. 나는 기업금융과 퇴직연금, 외환업무 오퍼레이팅을 담당했는데 정말 적어낼 것이 하나도 없는 날이 많았다. 지인들에게 구걸하다시피 해서 카드나 청약 같은 것을 만들어 내곤 했는데, 그마저도 얼마 지나지 않아 동이 났다.

매일 텅텅 빈 실적표를 내다가 우연히 200만 원짜리 적금을 판매한 적이 있었다. 나는 그것을 일일 관리 대장에 적어 제출했다. 나는 내 실적 대장에 별표 두 개 정도는 그려져 있을 줄 알았다. 아니었다. 그 실적판에는 커다란 글씨로 "노력 요망!"이라고 적혀 있었다. 그리고 그 밑에는 조금 더 작은 글씨로 "예/적금은 기재하지 말 것!"이라고 적혀 있었다. 이것은 초저금리 시대에 예금을 바라보는 은행의 시각을 집약적으로 보여준다. 예금은 은행원에게 실적이 되지 않는다.

은행이 예금을 환영하지 않는 이유

예금이 실적이 아닌 이유는 은행이 예금을 좋아하지 않기 때문이다. 펀드, ELS, 방카와 다르게 예금은 수익이 거의 발생하지 않는 상품이다. 먼 과거에는 이렇지 않았다. 아주 오래전 은행원의 가장 중요한 자질은 얼마나 많은 예금을 유치해 올 수 있는가였다. 온 나라가 꿈틀거리며 성장하고 있었고 모든 사업장이 자금이 없어서 비명을 질러대고 있었다. 예금만 있다면 대출을 받는 일은 문제도 아니었다. 사람들은 대출을 받기 위해 은행원들에게 뒷돈을 건네는 것이 당연하다고 생각했다. 모든 은행에서 통용되는 '대출 취급 뒷돈 표준 요율' 같은 것이 존재할 정도였다. 당시에 은행원들은 대출은 실적이 아니라고 생각했을지도 모른다. 당시에는 예금이 전부였다.

이 상황이 뒤집어진 시점이 언제인지 딱 잡아 말하기는 어렵지만 원인은 분명하다. 근본적인 원인은 저성장과 불경기에 있다. 이제 한국의 사업장들은 과거처럼 게걸스럽게 자금을 구걸하지 않는다. 설사 경영 상태가 양호해서 사업 확장을 위한 자금이 필요한 기업이라도 이제 더 이상 은행에서만 자금을 조달할 필요가 없다. MBA를 졸업한 기업의 임원들에게 채권 발행을 통한 자금 조달이 은행 대출보다 저렴하다는 사실은 1 더하기 1이 2인 것만큼이나 당연하다. 자본시장은 기업들에게 과거보다 훨씬 더 폭넓고 유연하고 저렴하게 자금을 지원한다. 개인이 주택대출을 받는 경우도 마찬가지다. 개인들은 유동화 대출을 받음으로써 사실상 자본시장에서 직접 대출을 받는 효과를 누릴 수 있다. 혹은 조건만 충족된다면 디딤돌/보금자리 대출 같은 기금상품을 통해 금융시장이 제공할 수 있는 최저금리보다 더 낮은 수준에서 대출을 받을 수 있다. 은행에 사정하면서 대출을 해달라고 뒷돈을 주는 사람은 이제 존재하지 않는다. 이제 은행원들은 제발 대출을 받아달라고 사정을 해야 하는 처지가 되었다. 대출을 받는 사람에게 뒷돈이라도 주고 싶은 심정으로 말이다. 이처럼 대출 수요가 갈수록 감소하는 상황에서 지나치게 많은 예금은 은행에 독이 될 수 있다.

은행이 예금을 찬밥 취급하는 데에는 금융시장의 발달도 영향을 미친다. 예금이란 은행의 입장에서 돈을 빌릴 수 있는 여러 가지 방법 중에 한 가지에 불과하다. 자본시장이 발달하기 전에는 예금을 통해서 돈을 빌리는 것이 은행이 할 수 있는 거의 유일한 자금 조달 방법이었다. 하지만 자본시장이 발달한 지금 은행의 입장에서 저렴하게 돈을 조달할 수 있는 방법은 널리고 널렸다. 대출채권을 유동화하거나, 은행채를 발행하거나, 하다못해 치즈 크래커 상자에 1조 원이라고 적어서 판매하는 방법도 사용할 수 있다. 이런 것들은 예금만큼이나 저렴한 금리에 자금을 조달할 수 있는 수단이다. 하지만 예금에는 필수적으로 소모되는 부수적인 비용(지점 운영비, 예금자 보험 비용 등)이 없다. 게다가 단순하고 깔끔하다.

예금으로 1조 원을 조달하기 위해서는 수만 명에게 필요한 수십만 장의 통장을 발급해 줘야 하고 그것을 관리할 수많은 사람의 노동이 필요하지만 1조 원의 채권을 발행하고 관리하는 것은 한 명의 직원이면 충분히 할 수 있다. 키보드로 1을 누른 다음 0을 12번 누르면 사실상 할 일은 그것으로 끝이다.

예금은 자체로 수익이 되지 않는다. 은행은 예금보다 간편하게 자금을 조달할 수 있는 수많은 방법을 가지고 있다. 물론 그렇다고 해서 은행이 예금 금리를 함부로 내릴 수는 없다. 예금이 없는 경우엔 예대율이란 규제가 대출을 하지 못하도록 강제하기 때문이다. 이외에 다른 이유도 있다. 부가적인 수익이다. 예금은 그 자체로 수익을 내지는 못하지만 부수적인 수익을 만들어 낼 수 있기 때문이다.

예금 없이 은행 없고 은행 없이 재테크 없다

나는 종종 김밥천국에서 김밥을 먹으면서 생각했다. 은행의 입장에서 예/적금이란 김밥천국의 김밥 같은 것이 아닐까. 김밥천국에서 매출의 대부분을 차지하는 것은 김밥이지만 수익의 대부분을 구성하는 것은 돈가스나 콩나물 해장라면 같은 좀 더 고급스러운 메뉴들이다. 이런 메뉴들은 김밥 대비 훨씬 높은 마진을 가지고 있다. 그런데도 모든 김밥천국은 김밥천국이기에 당연히 김밥을 판다. 이는 김밥 자체가 라면이나 쫄면 같은 부가적인 고수익 메뉴 판매를 촉진시키는 힘을 가지고 있기 때문이다.

은행의 경우도 비슷하다. 모든 은행이 예금을 증대해야 하는 것은 예금이 다른 판매를 만들어 내는 힘을 가지고 있기 때문이다. 수익성이 좋은 핵심예금, ELS, 신용카드, 방카슈랑스Bancasurance, 신용대출 같은 상품들은 고객이 예금을 가지고 있는 주거래 은행에서 주로 발생한다. A은행에 예금이 모두 몰려 있는데 B은행에서 펀드를 가입하는 일은 발생하지 않는다.

여기에서 애매한 상황이 발생한다. 예금은 수익이 되지 않는다. 그러나 적정 수준의 예금을 지속해서 유입시키지 못하면 은행은 추가 수익을 내지 못한다. 그러므로 모든 은행은 결국 김밥천국과 유사한 영업 전략을 구사한다. 김밥천국의 영업 전략은 이렇다. 김밥으로 고객을 유인한다. 방문한 고객에게 수익성 좋은 돈가스와 콩나물 해장라면을 판매하기 위해 노력한다. 은행도 마찬가지다. 예금으로 고객을 유인한다. 그리고 오는 고객에게 ELS나 펀드, 보험 상품을 판매하기 위해 노력한다.

은행들이 예금을 광고하지 않는 이유는 수익이 되지 않기 때문이다. 마찬가지로 은행에 방문한 사람들이 대개 ELS와 펀드와 방카슈랑스(이것들을 묶어 펀방신이라고 부른다)를 차례로 권유받고 이를 모두 거절해야만 예금 안내를 받을 수 있는 이유도 바로 이것이다. 많은 사회초년생이 잘못된 재테크를 시작하는 계기이기도 하다.

그럼에도 불구하고 나는 은행이 재테크를 시작하기에 가장 좋은 채널이라고 생각한다. 은행의 주요 수입원은 어디까지나 대출과 예금이다. 모든 은행이 펀드와 보험과 신탁을 판매하지 않는다고 하더라도 은행은 망하지 않는다. 그러나 다른 금융기관, 즉 증권사나 보험사는 그렇지 않다. 수익의 포트폴리오 자체가 다르다.

성과급 체계 또한 그러하다. 다른 금융기관과는 다르게 대다수 은행원은 개개인의 성과가 직접적으로 연봉과 연결되지 않는다. 은행원들의 성과급은 지점의 성과와 연결되어 있고, 은행의 각 지점들은 대부분 기업대출, 기업 퇴직연금, 수출입금융 같은 수십억 단위의 굵직한 지표들로 평가받는다. 개인에게 판매하는 펀드나 보험 신탁 수수료가 차지하는 비중이 적지는 않지만, 결정적인 요인이 될 수는 없다. 그러므로 이런 상품 판매를 통해 추가 수익을 추구할 유인은 있겠지만 무리해야 할 이유는 없다. 즉 은행은 다른 금융기관보다 이해 상충 구조가 상대적으로 양호한 것이다. 사회초년생이 재테크를 시작하기에 가장 좋은 장소를 은행으로 꼽는 이유다.

나는 주식 예찬론자다. 펀드도 엄청 좋아한다. 하지만 사회초년 생이나 재테크 입문자가 첫발부터 이런 상품들로 재테크를 시작하는 것이 적절하다고는 생각하지 않는다. 가당치 않게 이런 현란한 상품으로 재테크를 시작해서는 시작부터 스텝이 엉키고 실패할 수밖에 없다. 그런데 이런 실패 사례가 너무 많이 발생하는 것은 은행이 그들에게 예금이 가진 가능성과 활용 방법에 대해 제대로 설명을 해주지 않기 때문이다. 이는 은행원도, 은행도 아닌 전반적인 금융 시스템의 문제다. 그러므로 은행의 이러한 행태가 구조적인 것이라는 점을 사전에 이해하는 것이 중요하다. 은행들에게는 이런 사정이 있다는 것을 미리 알고 재테크에 임하면 된다. 그러면 실패 확률을 낮추고, 더 나은 재테크를 할 수 있다.

황금알은커녕 배부터 가르는 사람들
신입사원들은 왜 적금브레이커가 되는가

내가 중학생일 때 나는 가지고 있는 모든 돈을 PC방에 바쳐가며 액션 RPG에 열중했다. 나는 지금도 그때 키웠던 마법사가 생각난다. 나는 그 캐릭터에게 정말 많은 애정을 가지고 있었지만 결국 삭제해야만 했다. 초반에 좋아 보이는 온갖 스킬과 스탯을 아무 생각 없이 찍었기 때문이다. 아마 많은 사람이 나와 비슷한 경험을 해보았을 것이다. 세상의 모든 PC방 지하에는 초반에 좋아 보이는 스킬과 스탯을 별생각 없이 찍었다가 한참 나중에 최애캐(최고로 애정하는 캐릭터)를 삭제해야 했던 사람들의 눈물로 이루어진 호수가 있다고 한

부자들은 모두 은행에서 출발한다

다. 이 이야기를 하는 것은 대다수의 사회초년생이 재테크를 할 때, 내가 게임할 때 하던 짓과 비슷한 행태를 반복하기 때문이다.

매해 연초가 되면 이제 갓 사원증을 새로 교부받은 신참 직장인들이 은행을 찾는다. 그들 대다수는 명민하다. 펀드와 보험 같은 복잡한 상품들에 관해 자신이 필요로 하는 것을 이미 분명하게 알고 있으며 은행에서 금융 상담을 받는 중에도 실시간으로 자신들이 필요로 하는 정보를 검색하고 검증하며 놀랍도록 빠른 속도로 중요한 사항들을 숙지한다. 게다가 최근에는 금융상품을 구매하기 위해 이들이 은행으로 오는 경우도 급격하게 감소하고 있다. 이들은 스마트폰 뱅킹과 인스타그램, 유튜브를 사용하여 금융상품을 구매한다. 그럼에도 이 똑똑한 루키들 중 대다수는 재테크에 성공하지 못한다.

황금알 하나 미처 보지도 못하고

많은 사회초년생이 재테크에 실패하는 이유는 이들이 멍청하거나 사치스러워서가 아니다. 오히려 그 반대일 것이다. 처음 월급을 받고서 이 돈을 가지고 해외여행이나 술값으로 다 써버리겠다고 생각하는 신입은 아무도 없다. 모두가 부푼 가슴을 안고 나름의 살뜰한 계산을 하고 있을 것이다. 이 돈을 모아서 결혼도 하고 집도 사겠노라고. 엄마한테 손 벌리지 말겠노라고.

때마침 보험회사 다니는 친구에게서 전화가 온다. 꼼꼼하게 따져서 적절해 보이는 상품에 가입한다. 은행에 들러서 적금과 펀드에 분산해 월급의 70% 정도를 넣는다. 은행 직원이 신용카드를 권유하지만 사양한다. 더 이상 완벽할 수 없는 시나리오다. 당장이라도 돈이 꿀처럼 흐르는 행복한 노후가 눈앞에 보이는 것 같다. 하지만 나는 이들을 바라보면서 과거 게임에서 내가 망쳐버렸던 캐릭터들이 떠오른다. 그들에게 말하고 싶다. "안 되는데… 아직 그 버튼을 누르면 안 된다고… 조금만 기다려…."

한 3개월쯤 지나고 나니 생각보다 생활비가 많이 든다. 친구들 밥 몇 번 사주고, 부모님 용돈 드리고, 애인까지 생기고 나니 도저히 감당이 안 된다. 나름 아껴 써왔는데, 통장에 현금이 없어서 카드가 연체될 지경이다. 어쩔 수 없이 가입한 금융상품에 손을 대게 된다. 보험은 중도해지 수수료가 너무 크다. 펀드는 너무 올랐거나, 너무 떨어졌다. 만만한 적금을 해지한다. 이자가 1,500원 정도 붙어 있다. 이거 받으려고 적금 넣었나 생각이 들며 욕지기가 치민다. 하지만 현금이 없어서 곤란했던 순간이 있었나 싶을 정도로 통장은 현금으로 촉촉해진다. 인생이 갑자기 아름다워진다. 그러나 잔액은 금세 빛의 속도로 말라붙어 버린다. 황금알을 낳는 거위의 배를 가른 농부를 사람들은 비웃지만, 재테크를 시작하는 이들 중 다수는 거위가 단 하나의 황금알을 낳는 것을 보지도 못한 채 일단 배부터 가른다.

이 짓을 결혼하기 직전까지 반복한다. 예금이나 적금은 몇 번이나 가입해 보지만 만기 통보 안내를 받아본 적은 없다. 남은 것은 손실이 발생해서 중도에 납입을 중지한 펀드 몇 개와 정확히 이름도 기억나지 않는 보험밖에 없다. 결혼을 앞두고서 허겁지겁 몇 푼 긁어모아 보지만 턱없이 모자라다. 배우자 몰래 신용대출을 받아 결혼 비용에 보탠다. 부모님이 주신 돈에 대출을 껴서 전세를 얻는다. 전세가 아니라 자가로 신혼생활을 시작하는 친구들을 보면서 패배감 비슷한 것을 느낀다. 뉴스엔 부동산으로 돈 벌었다는 사람들이 넘쳐난다. 열심히 모아서 반드시 내 집을 마련해야겠다고 생각한다. 여기까지 도달하는 데 입사 후 5년 정도가 소요된다. 처음에 어떤 각오와 마음으로 시작했건 신입사원의 재테크는 결국 금융상품에 대한 좋지 않은 기억들과 결국 부동산이 정답이라는 깨달음으로 끝나버린다.

라디오 주파수를 맞추듯 저축하라

루키들이 재테크에 실패하는 원인은 두 가지다. 우선 최초에 목표 저축률을 너무 높게 설정하기 때문이다. 저축률 70%는 신입사원들이 감당할 수 있는 수준이 아니다. 막 입사한 바로 그 시점이 소비가 가장 극적으로 즐거운, 돈을 가장 많이 지출하는 시점이다. 무리

하지 말고, 자책하지 말고, 즐기자. 처음에는 통장을 분리하고 목표 저축률을 30~40% 정도 설정한 다음 자신에게 편안한 수준으로 서서히 올리면 된다. 라디오 주파수를 맞추는 것처럼 2~3년 정도의 기간에 걸쳐 자신에게 적절한 수준을 찾아가면 된다. 운동도 그렇고 공부도 그렇지 않은가. 초반에 서서히 시작하지 않고 전력으로 질주하면 얼마 되지 않은 시점에 혼자만 퍼져버린다. 이제 막 시작한 것이므로 조급해할 이유는 전혀 없다.

루키들이 재테크에 실패하는 두 번째 원인은 시작부터 너무 고위험/장기 상품에 가입하기 때문이다. 금융 산업 전반에 걸쳐 퍼져 있는 잘못된 금융상식도 루키들을 부추긴다. 젊으니까 고위험/고수익 상품을 가입해야 한다는 것이다. 여기에 현혹된 루키들은 펀드나 변액보험, ELS에 왕창 가입하지만 적금이나 예금 따위에는 관심이 없다. '고위험에 투자해라, 청춘이니까'라는 것이다. 여기에는 일견 일리가 있다. 젊은 사람은 고위험 자산에 투자하고 손실이 발생하면 그 손실을 만회할 때까지 기다릴 수 있다. 젊다는 것은 그 자체로 손실에 대한 내성을 의미하므로 고위험 자산에 투자하라는 것이다. 100에서 나이를 뺀 것만큼을 주식에 투자하라는 조언이 이러한 사고방식에서 유래한다. 이 설득력 없는 구호가 수없이 많은 전문가와 기업을 통해 보편타당한 진실처럼 전해지는 이유는 앞서 말했듯이 예/적금이 수익이 되지 않기 때문이다. 이에 반해 위험자산에 투자하는 펀드, 신탁, 보험상품은 압도적으로 높은 수수료를 창출해 낸다. 게다가 이런 상품들을 판매하기 가장 쉬운 대상은 아직 세상 물정 모르는 루키들이다. 100에서 나이를 뺀 숫자만큼 위험자산에 투자해야 한다는 것은 반쪽짜리 진실이다.

위험 내구도Risk Tolerance라는 개념이 있다. 위험 내구도가 낮은 사람은 고위험 자산에 투자하면 안 된다. 그러면 투자는 막장으로 치닫는다. 위험 내구도를 결정하는 데는 여러 요소가 작용한다. 나이, 수입, 금융지식, 부채, 향후 예상 현금흐름 같은 것들이다. 나이는 위험 내구도를 결정하는 데 영향을 미치는 단 한 가지 요소에 불과하다. 수많은 요소를 무시한 채 나이만으로 위험 내구도를 결정하는 것은 무책임한 짓이다.

이제 막 직장생활을 시작한 사람은 아마도 미처 다 갚지 못한 학자금 대출이 있을 것이다. 몇 년 뒤엔 결혼과 주택 구입을 위해 막대한 돈을 지출하고, 결혼해서도 아이를 키우고 교육시키기 위해 상당한 금액의 돈을 지불해야 한다. 이와 더불어 부모를 돌보고, 자신의 노후까지 준비해야 한다. 지금 당장 갚아야 할 부채가 없다고 할지라도 은행에 방문하는 사회초년생들은 모두 어깨 위에 수억 원에 달하는 부채가 놓여 있는 것이다. 위험 내구도는 0을 향해 수렴한다. 위험자산에 투자해 성공할 이유가 없다. 젊으니까 100에서 나이를 뺀 비중만큼 주식에 투자하라는 주장은 치명적일 수도 있다.

사회초년생은 일단 먼저 적금에 가입해야 한다. 누가 펀드, 주식, 보험에 대해 어떤 조언을 하든 아직은 아니다. 초반에 무분별하게 스탯과 스킬을 찍지 말고 적금으로 경험치를 쌓으면서 조금씩 레벨을 올려가며 기다려야 한다. 적금은 위험 내구도를 높여 주는 가장 탁월한 방법이다. 적금을 하면 돈이 생기고, 돈을 만드는 습관을 만들 수 있고, 자신의 현금흐름 추세를 파악할 수 있다. 이것이 시작이다. 이것을 위해 몇 년이 소요되겠지만 이런 준비 없이 블로그와 신문에서 본 몇 개의 글만을 가지고 투자에 임하는 것은 미친 짓이다. 나는 이런 안타까운 사례를 너무 많이 보았다.

나는 어떻게 만렙 적금러가 되었나
예금이 RPG만큼 재미있는 이유

얼마 전 아주 오랜만에 중학생 때 했던 그 게임에 다시 접속한 적이 있었다. 잠시 많은 향수를 느꼈지만 이내 시시해졌다. 내가 어릴 때 어째서 이런 '단순 노가다'에 미친 듯이 집착했었는지 이해할 수 없었다. 지금 유행하는 게임들의 재미를 결정하는 중요한 요소들이 그때 당시 내가 하던 RPG에는 없었다. 정교한 전략도 순발력도 스토리도 필요 없는, 그야말로 단순 노동이 전부였다.

내가 그 게임을 왜 그렇게 좋아했는지 깨닫게 된 시기는 그다음 시즌이 모바일 게임으로 나왔을 때였다. 이 혁신적인 게임은 놀랍게도 자동으로 진행된다. 아이디를 만들고 플레이 버튼을 누르면 기사가 알아서 퀘스트를 깨고, 사냥을 하고, 아이템을 모았다. 과거에 없었던 것이 무엇이건 모바일 게임은 차원이 달랐다. 게임에 달라붙어 막중한 시간을 할애할 필요 자체가 없었다. 플레이 버튼을 누르고 구경만 하면 되었다. 심지어 구경조차 할 필요가 없었다. 업무 시간에 사무실 책상 서랍에 넣어두어도 게임은 알아서 진행되었기 때문이다. 내가 할 일은 보조배터리를 가지고 다니면서 적절한 시점에 휴대폰을 충전해 주는 것뿐이었다. 그런데 놀랍게도 재미있었다. 게임을 거의 플레이하지 않아도 그랬다.

피드백은 노력의 먹이다

내가 오래전 게임 '노가다'를 하면서 행복한 유년을 보냈던 것, 모바일 게임을 해보면서(플레이라고 해야 할지 애매하지만) 재미를 느꼈던 것은 피드백 때문이다. 게임에는 레벨이나 무기 업그레이드 같은 제도들이 있어 주기적으로 조금씩 자신의 캐릭터가 강해지는 것을 볼 수 있다. 레벨이 올라가는 그 순간의 쾌감을 위해 나는 게임을 했고, 회의 시간에도 책상 서랍에서 캐릭터가 쉼 없이 일하도록 했다. 레벨이나 무기 업그레이드 시스템이 없다면 누구도 그 게임을 플레이하지 않았을 것이다. 생각해 보면 공부, 육아, 직장, 대화, 클럽,

쇼핑, 연애, 결혼 모든 것 역시 노력에 가치를 부여하는 시스템으로 돌아가는 것 아닐까? 공부를 해본 사람은 시험을 통해 결실을 얻을 때 형용할 수 없는 기쁨을 느낀다. 아이가 내 목에 안겨 마치 내가 세상 전부인 것처럼 애교를 부릴 때 그 모든 고난과 어려움은 사라진다. 직장에서 내가 노력한 프로젝트가 실적으로 연결될 때 야근은 보람이 된다. 대화, 연애, 결혼을 포함한 삶의 모든 것들이 마찬가지다. 피드백은 인간이 살아가는 목적이자 수단이다.

적금 또한 마찬가지다. 적금은 현존하는 모든 금융상품 중 피드백 측면에서 가장 완벽하다. RPG를 좋아했던 나는 이제 직장인이 되었다. 직장인이 된 나는 게임을 하는 기분으로 적금을 한다. 나는 지금 프로 적금러다. 내가 처음 적금 만기를 경험한 것은 은행에 입사해 9개월이 지났을 때였다. 태어나서 처음으로 적금 만기 안내 문자를 받았다. 월 1만 원씩 납입하는 6개월 만기의 적금이었다. 돈을 모으겠다는 목적보다는 휴대폰에서 적금 가입이 된다는 것을 듣고 호기심에 해본 것이었다. 가입한 사실도 잊고 있었는데 만기가 되었다고 문자가 왔다. 해지를 하니 이자가 900원 정도 붙었던 것 같다. 금액의 보잘것없음과 무관하게 나는 뱃속이 꽉 찬 느낌을 받았다. 이후로도 나는 만기 알림을 받을 때마다 똑같은 기분을 느낀다. 과거의 내가 현재의 나에게 해내지 않았느냐고, 어렵지 않다고, 결국은 다 잘될 것이라고 어깨를 두드려 주는 기분이다.

펀드로 처음 수익을 맛보았던 것도 최초의 적금 만기와 비슷한 시기였다. 200만 원을 펀드에 투자했고 3개월 만에 10% 수익을 내고 나왔다. 물론 기분은 좋았다. 하지만 적금 만기의 그것과는 분명히 다른 느낌이다. 아마도 콜라 한 병을 원샷했을 때와 비슷한 느낌이었을 것이다. 척추를 관통하는 전율감이 있었지만 이내 사라졌다. 이후로 펀드를 몇 번이나 환매를 하면서 이익을 보기도, 손해를 보기도 했다. 이익을 보면 물론 기분은 더할 나위 없이 좋았다. 하지만 거기에는 적금 만기에 느낄 수 있는 강건한 감각이 존재하지 않았다. 이러한 느낌의 차이는 아마도 펀드의 수익률이 좋은 것은 온전히 나의 애씀이 아닌, 내가 범접할 수 없는 어떤 요소(시장이나 운)에 의해 결정된 부분이 훨씬 크기 때문일 것이다. 길에서 만원을 주웠을 때 기분이 좋기는 하지만 그 기쁨이 장기적으로 지속되지 않는 것과 마찬가지다.

하지만 예/적금은 그렇지 않다. 이것은 온전히 나 자신과의 싸움이다. 이자는 온전히 내가 충동적 소비와 우발적 비용을 인내하며 끝까지 버텨냈는가에 의해 결정된다. 가입된 순간부터 예/적금이라는 재테크에는 나의 행동 이외의 다른 요소가 개입될 수 없다. 그래서 수익이 단 1원이라도 났다면 그것은 온전히 나의 노력에 의한 것이다. 게다가 펀드처럼 만기가 존재하지 않거나, 보험처럼 만기가 초장기인 상품과 다르게 예/적금은 모두 만기라는 요소를 가지고 있다. 만기의 도래는 그 자체로 강력한 피드백이다.

나는 꽤 자주 예금의 명세들을 조회한다. 휴대폰으로 만기가 된 예금들과 만기가 다가오고 있는 예금들의 명세를 조회할 때마다 그간의 고생이 아무 의미 없는 것은 아니며 어쩌면 내가 그동안 의외로 꽤 잘 살아온 것 같다는 생각까지 든다. 그러면 맛있는 걸 먹지 않아도 힘이 난다. 이는 나만 느끼는 감정이 아니다. 나는 은행 창구에서 적금 만기가 되어 온 손님들을 많이 만나보았다. 그들 대부분은 금리가 낮다고 툴툴거리기는 하지만 결국 다시 적금에 가입한다. 아마 그들도 내가 느낀 것을 거의 동일하기 느꼈기 때문일 것이다. 그 느낌이 좋았기에 그랬을 것이다.

만기를 만끽하는 사람

예/적금을 운용하는 방법 중에 '풍차 돌리기'라는 방법이 있다. 많은 사람이 이를 사용한다. 물론 풍차 돌리기를 한다고 해서 금리가 많이 오르거나, 없던 복리가 생기거나, 엄청난 절세 효과가 발생하지는 않는다. 오히려 예금과 적금을 여러 개로 분산해서 운용함으로써 주기적으로 재예치해야 하는 번거로움만 추가로 발생한다. 하지만 풍차 돌리기가 주는 가장 핵심적인 기능이 바로 그 번거로움에 있다. 풍차 돌리기를 해서 예/적금의 만기가 매월 도래하도록 하면 그 금액과는 무관하게 투자자는 매월 예/적금의 만기를 경험할수 있다. 더 부지런한 사람이라면 매주, 매일 예/적금의 만기가 도래하도록 만들 수도 있다. 그리고 그때마다 당신의 휴대폰에는 알림이 뜬다. 벌써 만기라고, 이만큼 모았다고, 잘하고 있다고, 잘될 것이라고.

적금에 가입하는 요령은 이렇다. 처음에 적은 금액과 짧은 기간으로 적금을 가입해 본다. 그리고 그동안 약간의 절제와 절약을 한다. 얼마 후 적금 만기가 되었다는 휴대폰 알림이 울린다. 돈이 조금 모여 있다. 금액은 중요치 않다. 순수하게 내가 벌어들인 돈을 모으는 데 성공한 것이다. 이번에는 조금 큰 금액을 조금 더 긴 기간 동안 적금을 가입해 본다. 성공한다. 다시 조금 더 큰 금액으로 시도해 본다. 실패할 수 있다. 그럴 때는 금액과 기간을 좀 낮춰서 다시 시도하면 된다. 그렇게 계속 반복한다. 게임 열렵하던 모습과 매우 흡사하다. 적금 만기가 올 때마다 '띠링띠링' 경험치가 쌓인다. 양치를 하다가도, 밥을 먹다가도, 회의를 하는 중에도 만기 안내 팝업이 뜬다. 적금의 세계에서 레벨은 금액 그 자체다.

최초 나는 월 납입액 1만 원짜리 '쪼렙' 하수 직장인에 불과했다. 하지만 이제 나는 아내와 파티를 이루어 월 합산 납입 금액 500만 원, 월 합산 납입금액 600만 원을 넘나드는 '프로 적금러' 던전에서 경험치를 쌓고 있다. 심지어 아주 오래전 시작한 재형저축(7년 납부, 비과세 4%대 금리)이라는 퀘스트도 조만간 완료하게 될 것 같다. 아마도 나는 그 퀘스트를 깨는 최초의 프로 적금러가 될 것이다. 나는 중학생 때 여드름투성이 게임 중독자였지만 그 게임 속에서만큼

부자들은 모두 은행에서 출발한다

은 나를 무시할 수 있는 사람이 별로 없었다. 20년이 지난 지금 나는 나이를 먹고 배 볼록 나온 아저씨가 되어가고 있다. 하지만 투자의 세계에서 나는 호락호락한 존재가 아니다. 절약에 최적화된 라이프스타일로 만들어진 탄탄한 잉여현금흐름, 30대 중반이라는 나이, 그리고 내가 가지고 있는 약간의 금융지식을 합쳤을 때 내 위험 내구도는 사실 만렙에 가깝다. 그러므로 실패할 수 없다.

만약 당신도 여기까지 왔고 준비가 다 되었다고 생각한다면 이제 더 어려운 난이도, 즉 예금과 적금의 세계를 떠나 본격적인 투자의 세계로 출발하면 된다. 이전에 우리가 만렙을 찍고 나서야 새로운 던전에 도전했듯이 말이다. 나는 재테크란 응당 이렇게 해야 하는 것이라고, 이렇게 해야 실패하지 않는다고 생각한다.

그 많던 월급은 누가 다 먹었을까?

소비율을 낮추는 통장 분리 메커니즘

군대를 전역하고도 나는 집에서 용돈을 받아 생활했다. 월 단위로 용돈을 받았지만 항상 보름이 지날 무렵이면 동나게 마련이었다. 군대를 다녀온 대학생이 부모님에게 용돈을 받는다는 것은 게으름과 능력 부족의 상징이었다. 내 주변에는 장학금을 받고도 과외와 아르바이트까지 해가며 자기 생활비를 마련하는 친구들이 수두룩했다. 나는 이것이 부끄러웠다. 친구들처럼 돈을 벌어 생활하지 못하지만 어떻게든 용돈으로 한 달을 버텨보자고, 적어도 돈을 더 보내달라는 전화는 하지 말자고 다짐했지만 대개 실패했다. 나는 친

부자들은 모두 은행에서 출발한다

구들처럼 경제적으로 자립하기는커녕 주어진 용돈의 범위 내에서 사는 것도 쉽지 않았다. 자기 돈조차 관리하지 못하는 사람이 도대체 무엇이 될 수 있겠는가. 취업이 되지 않는 것도, 좋아하는 여자가 내게 코딱지만큼의 관심이 없는 것도 당연한 일이었다.

내가 처음 취업을 해서 2년 동안 월급으로 받았던 돈들이 모두 어디로 갔는지는 지금도 알 수 없다. 사태를 해결하기 위해 가계부를 쓰거나 신용카드를 없애보기도 했지만 별로 효과는 없었다. 그렇다고 내가 그 돈으로 멋지게 연애를 하거나, 여행을 가거나, 멋진 물건을 사 모은 것은 아니었다.

이런 느낌은 단순히 돈을 모으지 못한다는 사실에서 끝나지 않았다. 이것은 내가 선천적으로 의지나 자제심 같은 특정한 자질이 부족하다는 증거였다. 이렇게 밑바닥에서 계속 허우적거리다가 삶을 제대로 누려보지도 못하고 가난함 속에 삶을 종료할지도 모른다는 불안감이 나를 지배했다. 불안감을 잠재우기 위해 나는 터무니없이 많은 사람을 만났고, 쓸모없는 물건들을 샀으며, 그 과정에서 너무 많은 돈을 지출했다. 그러면 불안하지 않다. 당연히 나는 돈을 모으지 못했다. 그러나 상황은 호전되기 시작했다. 통장 분리 덕분이었다. 돈을 모으는 것은 요령의 문제지 자질의 문제는 아니었다.

재테크에 관심이 있는 사람이라면 통장 분리에 대해 이야기를 들어보았을 것이다. 통장 분리의 개념과 작동방식은 아래와 같다.

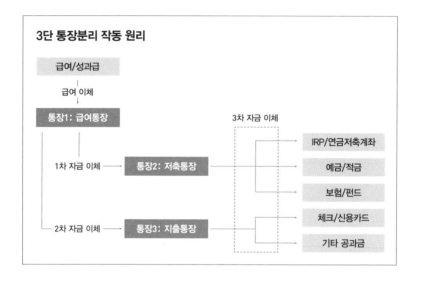

3단 통장분리 작동 원리

급여/성과급

급여 이체

통장1: 급여통장

3차 자금 이체

1차 자금 이체 — 통장2: 저축통장

2차 자금 이체 — 통장3: 지출통장

IRP/연금저축계좌

예금/적금

보험/펀드

체크/신용카드

기타 공과금

Step 1. 급여통장에 월급이 들어오면 우선 저축통장으로 저축액이 자동으로 이체되도록 한다.

Step 2. 저축통장의 돈을 본인 취향에 따라 적금/예금/IRP/연금저축계좌/보험/펀드 등으로 이체되도록 한다.

Step 3. 급여통장에 남아 있는 자금 중 한 달 동안 사용할 생활비/용돈이 지출통장으로 이체되도록 한다.

Step 4. 지출통장에 입금된 돈으로 한 달 동안 생활하기 위해 최선을 다한다.

Step 5. 살 만하다고 느껴진다면 저축이 부족한 것이다. 지출통장에 입금되는 돈을 줄이고 저축통장으로 이체되는 금액을 늘린다.

부자들은 모두 은행에서 출발한다

여기에는 절대 규칙이 있다. '어떤 일이 있어도 저축통장에 한번 들어간 돈은 생활비나 용돈으로 유용하지 않는다'다. 필요에 따라 약간의 변형이 가능하겠지만 대체적으로 이런 방식으로 작동된다. 단순한 데다 수수료도 발생하지 않지만 효과는 압도적이다.

통장을 나누면 남는 것들

통장 분리의 가장 좋은 점은 이것이 예산안의 기능을 한다는 것이다. 해마다 모든 기업은 예산안을 짠다. 과거의 지출을 살펴보고 절약할 수 있는 곳이 없는지 분석하고, 미래에 어떤 방식으로 지출할 것인지 생각하는 것이다. 하지만 사람들은 연 단위로 예산안을 짜지 않는다. 이것은 좀 이상한 일이다. 대체로 홈쇼핑이나 백화점에서 되돌릴 수 없는 재앙적 지출을 저지르는 것은 기업들이 아니라 개인이기 때문이다. 하지만 이해할 수 있다. 매년 예산안을 짜고 그것을 엄격하게 지키면서 살아가는 사람은 거의 없다. 그러기에 삶은 너무 바쁘고 복잡하다.

통장 분리를 해보면 알겠지만 분리를 한 이상 돈은 지출 통장에 남은 금액 안에서 지출해야 한다. 지출통장에 돈이 부족하면 자연스럽게 긴축 모드에 들어간다. 그러다가 돈이 부족하면 사람은 추가 소득을 만들어야 한다. 내가 태어나 처음 실비 보험금을 청구한 것(태어나 해본 모든 일을 통틀어 가장 귀찮았다)은 카드 값이 펑크 났을 때였다. 물론 카드가 연체된 순간에도 나는 상당히 많은 현금이 있었지만 거기에 손대지는 않았다. 저축된 돈에 손을 대지 않는 것이 가장 중요한 규칙이기 때문이다. 보험금이 나와서 가까스로 카드 값을 정리했고 이외에도 나는 비슷한 경험을 꽤 여러 번 했다. 그때마다 나는 내 지출 현황에 관해 생각해 본다. 어디에 초과 지출을 했는지, 더 절약할 곳은 없는지 말이다. 이렇게 살다 보면 내가 설정한 지출통장의 금액이 한 달 예산이 되고, 자연스럽게 나는 그 금액에 적응한다.

통장 분리는 또한 가계부로도 기능한다. 처음 은행에 들어왔을 때 내 통장은 카오스 상태였다. 급여가 들어오면 거기에서 식대, 통신비, 보험비, 적금, 술값, 옷값 같은 모든 비용이 정리되지 않은 상태로 빠져나갔다. 은행에 들어온 지 얼마 되지 않은 시점에 나는 통장 거래 내역을 다운로드해 엑셀로 분류하려 몇 번 시도했었다. 이내 그만두었다. 그러기엔 삶이 너무 바빴고 효용 자체도 그다지 없었기 때문이다. 가계부를 자동으로 써준다는 앱도 사용해 보았지만 얼마 가지 못했다. 내 급여통장의 카오스적 지출 구조를 체계적으로 정리하기에는 턱없이 부족한 수준이었다. 지금도 다르지 않을 것이다.

통장 분리를 하고 체계적인 방식으로 현금이 움직이면 모든 수입과 지출은 가지런히 정렬된다. 굳이 가계부를 쓸 필요도, 앱을 쓸 필요도 없다. 통장 거래 내역만으로도 얼마든지 자신의 수입과 지출을 한눈에 파악할 수 있다. 급여통장, 저축통장, 지출통장에 입금된 금액만 보면 자시의 수익과 지출, 저축을 알 수 있기 때문이다. 자신의 수입과 지출을 아는 것이 재테크의 시작이다. "garvage in garvage out"이라는 말이 있다. 불완전한 정보로는 불완전한 결과를 얻는다는 말이다. 이 말은 투자에도 동일하게 적용된다. 자신의 소득과 지출에 관해 애매하게 알고 있다면, 그 정보로부터 얻을 수 있는 것은 덜떨어진 결과뿐이다.

통장 분리의 마지막 기능은 의지력을 절약할 수 있다는 점이다. 사실 나는 저축하기 위해 노력한다는 행위를 인지조차 하지 못한다. 시스템적으로 작동하기 때문이다. 시스템은 중요하다. 내게 의지력과 의식적인 노력이란 매우 희소한 자원이기 때문이다. 시스템을 통해 노력을 아낄 수 있다면 반드시 그렇게 해야 한다. 특히나 모든 홈쇼핑 채널과 SNS 미디어가 과소비를 조장하는 시대니까 말이다. 통장 분리는 돈을 절약하는 시스템일 뿐만 아니라 의지력을 아껴주는 시스템이기도 하다.

절약하는 능력은 근육과 비슷하다. 통장을 분리한 사람은 자신에게 가장 적합한 수준의 저축률을 찾아내 조금씩 높여 나가면 된다. 현재 나는 연 소득의 70% 정도를 저축한다. 이는 내가 이를 갈며 궁상맞은 삶을 살아서가 아니다. 유명 디자이너 가브리엘 샤넬 Gabrielle Chanel은 '우아함이란 거절'이라고 이야기한 적이 있다. 나는 통장을 분리한 이후 내가 원하지 않는 것을 예민하게 감지하고 거절하는 방법을 배웠다. 예를 들어 나는 아웃렛에서 파는 싸구려 정장은 입지 않는다. 그러나 아웃렛에서 파는 후줄근한 운동복이라면 얼마든지 기껍게 입을 준비가 되어 있다. 어쩌면 통장 분리는 독자적인 생활방식을 구축한다는 측면에서 도움을 주는지도 모른다.

당연한 것은 지나치기 십상

재테크 초기에 통장 분리가 가장 우선이라는 점에 많은 사람이 동의한다. 통장 분리라는 주제로 출간된 책만 해도 수두룩하다. 비용도 들지 않고 효과도 분명히 입증된 이 방법을 실천하지 않는 사람이 생각보다 압도적으로 많다. 살아가면서 공과금 납부나 카드 결제, 기타 청구서 결제를 한 통장에서 결제하다 보면 어느 순간 자동이체들이 거미줄처럼 얽혀 있음을 확인할 수 있다. 이를 통째로 정리하는 일은 상당히 번거로운 일이므로, 미리 분리를 해놓는 것이 좋다.

은행 창구에서도 어지간해서는 통장 분리를 권하지 않는다. 조금이라도 업무가 지체되면 대기 인원이 초침처럼 올라가는 은행에서 시간이 오래 걸리는 통장 분리를 권유해서 직접 처리하는 것은 오늘 점심을 먹지 않겠다는 말과 같다. 게다가 통장 분리라는 행위 자체를 개인 실적으로 쳐주는 은행도 존재하지 않는다.

그러므로 가급적이면 첫 월급을 받기 전에 급여통장을 만들면서 통장을 나누는 것이 가장 좋다. 설사 그렇지 못했다 하더라도 상관없다. 지금이라도 은행에 방문하여 통장을 분리하면 된다. 은행원들에게 묻고 도움을 받는다면 그렇게 어렵지 않을 것이다.

맞춤형 예금을 찾는 원초적 방법
은행원도 사람이다

은행의 많은 상품 중에 가장 치명적인 난이도를 자랑하는 것은 예금과 카드다. 많은 사람이 예금을 단순한 상품이라고 생각하지만 절대 그렇지 않다. 왜냐하면 예금의 구조는 단순할지 몰라도 상품 측면에서는 수많은 디테일이 붙기 때문이다. 최근에 나온 예금상품 대부분은 기본적으로 2~3개 정도의 부가 금리와 다양한 혜택이 붙는다.

예를 들어 대중교통 사용 미션을 성공하면 금리를 0.4% 가산해주거나, 38세 미만 고객 또는 군인만 가입 가능한 상품도 있다. 종류에 따라 휴대폰, 보이스피싱 등에 관한 보험 혜택을 제공하는 상품도 존재한다. 각각의 예금상품은 가입 조건, 우대 금리, 납입 조건, 지급 방식, 부가서비스, 세금에 있어 독특한 차이점을 가지고 있다. 하지만 이런 모든 요소를 고려해 최적화된 예금상품을 골라낼 사람은 거의 없다. 자신에게 최적화된 예금을 찾고 싶다며 인터넷에서 '예금 금리' 같은 단어를 검색하면 분명 범접할 수 없는 복잡성의 장막을 마주하게 될 것이다. 이는 마치 세상에 존재하는 많은 카드 중에 자신에게 최대 할인/포인트를 제공하는 카드를 찾기 위해 노력하는 것과 같다.

자동차 회사는 다양한 옵션의 제공을 통해 복잡성을 증대시키고 이를 통해 경쟁사와의 단순 가격 비교를 어렵게 만든다. 경쟁이 치열한 시장에서 지나치게 투명하고 단순한 상품으로는 수익을 창출할 수 없기 때문이다. 이렇게 만들어진 복잡성은 정보의 비대칭을 만들고 이는 수익 증대에 도움이 된다. 그러므로 자동차 회사를 포함한 모든 통신사, 카드사, 보험사 심지어 스타벅스까지도 자기 상품을 매력적이면서도 복잡하게 만들고자 노력한다. 은행도 마찬가지다.

예금상품을 서로 비교하게 만들어 은행 간의 금리 경쟁을 유발하고, 이를 통해 금융소비자에게 좀 더 높은 금리를 제공하겠다는 프로젝트가 아예 없었던 것은 아니다. 대표적으로 은행연합회에서는 소비자들을 위해 예금상품 금리비교 서비스(https://portal.kfb.or.kr/

compare/receiving_neosearch.php)를 제공한다. 하지만 이런 시도는 사실상 효과를 발휘하지 못한다. 예금은 한 장의 표에 완벽하게 정리할 수 있을 정도로 호락호락한 상품이 아니기 때문이다.

아마 강박적인 사람이라면 자신에게 가장 높은 금리를 주는 예금을 찾기 위해 몇 시간 동안 인터넷을 헤맨 경험을 갖고 있을 것이다. 하지만 이것은 좋은 방법이 아니다. 시간과 노력이 소요되기 때문이다. 설사 시간과 에너지가 남아도는 사람이 자신에게 제일 좋은 예금상품을 발견했다고 하더라도 그 은행과 현재 거래가 없고, 가장 가까운 곳까지 전철을 30분 타고 가야 한다면 어떻게 하겠는가? 설사 이 모든 것을 감수하고서 예금을 가입한다고 하더라도 예금 상품 간의 금리 차이는 종잇장만큼이나 얇다. 최고의 예금을 찾기 위한 노력이 보상을 받을 가능성은 크지 않다. 게다가 예금이 여러 개의 금융기관에 퍼져 있으면 그 자체만으로도 복잡하고, 관리하기도 어렵다.

나는 카드를 딱 두 장 가지고 있다. 신용카드 한 장, 체크카드 한 장이다. 그런데 그 두 카드의 할인 혜택이 무엇인지 잘 기억하지 못한다. 그런데 이런 내가 카드만큼이나 복잡한 예금의 상품 구조를 이해하고 암기한다는 것은 불가능하다. 그럴 때 나는 컴퓨터 알고리즘 관련 조언을 하나 떠올린다.

부자들은 모두 은행에서 출발한다

"매번 장애물을 만날 때마다 완벽함을 추구하느라 하염없이 세월을 보낼 생각이 아니라면, 어려운 문제는 계속 붙들고 씨름하기보다 더 쉬운 형태를 상상하여 그것을 먼저 공략하자. 제대로 적용될 때, 이것은 단지 희망 섞인 생각이나 환상이나 게으른 공상이 아니다. 발전을 이루는 최선의 방법 중 하나다."

_브라이언 크리스천, 《알고리즘, 인생을 계산하다》 중에서

그렇다. 더 쉽게 살자. 내 주 종목은 기업여신과 외국환이다. 사실 예금이 가진 상품적 측면에 관해 나는 아는 게 별로 없다. 그래서 나는 지금도 종종 나에게 최적화된 예금을 찾기 위해 옆자리 은행원에게 물어본다. 그들은 언제나 최적은 아닐지 몰라도 최적에 가까운 답을 나에게 즉시 준다. 이는 내가 그들과 친구라서 가능한 치트키 같은 것이 아니다. 나만 누릴 수 있는 것이 아니며, 누구나 받을 수 있는 혜택이다.

일반적으로 창구에 앉아 있는 은행원은 예금 금리와 관련한 고객 상담을 하루에 적어도 30번 이상 진행한다. 그때마다 언제나 친절한 목소리로 자신을 찾아온 고객에게 자신이 생각하는 최상의 해답을 제공하는 것이 그의 일이다. 반면 고객에게 상냥한 그들은 내가 예금을 물어볼 때면 은행원이 그딴 것도 모르냐고 도리어 잔소리를 퍼붓는다. 그러면 나는 나도 고객이라고 우긴다. 포털사이트 검색창에 "가장 좋은 예금"을 입력하고 엔터를 누르는 것은 최적의

은행 예금을 고르기 위한 좋은 알고리즘이 아니다. 가장 좋은 방법은 은행원들에게 물어보는 것이다.

은행원에게 예금을 물어보는 방법

스마트폰 뱅킹의 등장으로 내점하는 고객이 줄어들면서, 모든 은행은 이 현상을 극복하려 악전고투를 벌이고 있다. 하지만 동시에 많은 사람이 은행에 들어서면, 단순한 업무를 처리하는 데만 한 시간씩 대기해야 하는 상황이 부지기수로 발생한다. 은행 내점 고객 수가 줄어든다더니, 병목현상은 왜 발생하는 것일까? 이런 현상이 일어나는 것은 고객이 특정 영업점에만 집중되기 때문이다.

은행을 방문하는 고객 대부분이 상업 중심지에 위치한 거대 영업점에 모인다. 이런 은행 지점들은 인지도가 높은 만큼 몰려드는 고객의 숫자와 대기 시간으로 몸살을 앓을 가능성이 크다. 이 경우 제대로 된 지원이나 상담이 쉽지 않다. 반면 바로 인근에 위치해 있음에도 입지가 좋지 않아 인지도가 낮은 지점엔 자리가 텅텅 비어 있다. 어느 지점이나 은행원의 역량은 대개 비슷하다. 그러므로 지점이 한가할수록 상담의 질은 좋아질 수밖에 없다.

자신에게 적합한 예금을 고르는 최적의 알고리즘을 소개한다. 우선 은행 콜센터에 전화한다. 내가 있는 장소를 말하고 그 주변에 한

가한 영업점이 어디인지 물어보자. 시간이 괜찮을 때 그곳에 방문해 보고, 다음부터는 그 한가한 영업점에서 은행 업무를 처리하면 된다. 요즘은 대부분의 은행이 미용실이나 병원처럼 예약제를 사용하고 있다. 스마트폰 뱅킹 메뉴나 ARS를 통해 미리 예약을 할 수 있다. 한가한 영업점에 방문할 때에도 미리 예약을 해두면 시간도 아끼고 더 질 높은 상담을 받을 수 있다. 앞에서 이야기한 통장 분리가 안 되어 있다면 통장 분리부터 하자. 시간의 여유가 있을 때 아래의 업무도 같이 처리해 놓으면 금상첨화다.

1. 인터넷뱅킹 보안 매체가 아직도 보안카드라면 반드시 OTP로 변경하자. 보안카드는 보안에 취약하다. 최근에는 신용카드와 사이즈가 동일한 카드형 OTP가 출시되어 보안카드처럼 편리하게 지갑에 보관할 수 있다.
2. 통장 거래 내역을 SMS로 알려주는 서비스를 신청하자. 수수료를 절감하고 싶다면 거래 내역을 알려주는 앱을 설치해 달라고 한다. 통장 거래 내역과 잔액을 매번 확인하면 절약하는 데 매우 도움이 된다.
3. 인터넷 이체 한도를 가급적 1천만 원 이하로 낮춰놓자. 이는 예상치 못한 보이스피싱의 손실에서 자신을 지켜준다. 만약 큰 금액의 이체가 필요하면 앞서 발견한 이 한산한 은행 지점에 통장을 가지고 가서 거래하면 된다.

여기까지 모든 과정을 마쳤다면 마지막으로 직원에게 감사하다고 이야기하고 직통번호가 적힌 명함을 달라고 하면 된다. 은행의 영업점은 말 그대로 영업조직이다. 그 소속 직원의 가장 기본적인 업무 내용은 당연히 영업과 관련된 것이다. 영업을 하는 모든 사람이 그렇듯이 은행원 또한 명함을 달라고 하면 흔쾌히 준다. 잘 간직하고 있다가 예금이나 다른 금융상품을 가입하고 싶을 때 받은 번호로 전화해서 궁금한 것을 물어보면 된다(직통번호로 전화하면 귀찮기 짝이 없는 ARS 연결을 건너뛸 수 있다).

사람들은 앞으로 은행에 직접 찾아갈 일이 별로 없을 것이다. 휴대폰으로 거의 모든 은행 업무를 처리할 수 있기 때문이다. 하지만 온라인에서 금융상품 가입을 하기란 최적의 상품을 찾는 것과는 다른 의미에서 매우 어려운 행위다. 금융상품 설명엔 대체로 전문용어와 법률용어가 많이 등장하기 때문이다. 분명 이해하기 어려운 부분이 생긴다. 그때 검색창을 켜고 낑낑 대며 도움 되지 않을 광고성 글들을 읽느라 시간을 낭비할 필요가 없다. 자신이 챙겨온 명함의 직통번호로 전화해서 물어보면 된다. 이것은 정말로 효율적이고 효과적인 재테크 팁이다. 그러나 대다수는 이 방법을 잘 사용하지 못한다.

은행 직원도 좋아하는 고객이 있다

은행 직원들도 나름대로 호감을 갖게 되는 고객이 있다. 나에게도

'란'이라는 고객이 있었다. 근처 회사에서 자금을 담당하는 직원이었기 때문에 상당히 자주 와서 은행 업무를 보곤 했다. 나는 란에게 꽤 호감을 가지고 있었는데, 다른 은행에서 거래되는 수출입 실적을 나에게 몰아주었기 때문이다. 나는 란이 복잡한 사연이 얽힌 부동산 세무 문제로 어려워할 때 그것을 해결해 준 적이 있었다.

당시 내가 근무하던 은행에는 VIP 고객을 대상으로 하는 무료 세무 컨설팅 서비스가 있었다. 이것을 란에게 연결해 주었다. 란은 평범한 직장인이었고 VIP 기준에는 한참 못 미치지만, 그런 사소한 문제는 해결할 수 있는 것이었다. 나는 "기준 미달하나 향후 거래 증대 예상"을 예외 신청 사유로 적었다. 그리고 세무 컨설팅팀에 전화해서 도와달라고 이야기했고, 그 덕에 란은 필요한 정보를 제공받았다. 란이 꽤 많은 세금을 아낄 수 있었기에 나는 큰 보람을 느꼈다.

이런 비슷한 이야기를 은행원이라면 서너 개씩은 가지고 있을 것이다. 은행은 예금 금리와 사은품에는 인색할지 몰라도 서비스 측면에서는 그다지 인색하지 않다. 세무 컨설팅팀이 상담 한 번 더 한다고 해서 추가 비용이 발생하는 것은 아니기 때문이다. 중국집에서 단무지 값을 별도로 받지 않는 것처럼 은행도 고객에게 서비스 이용료를 청구할 의지도, 방법도 없다. 앞서 이야기한 란의 경우도 별도의 비용을 내게 지불한 게 아니다.

그리고 이런 서비스는 상속이나 부동산 매물, 유학송금, 유언신탁 등 정말 광범위하고 전문적이다. 일반적으로 우리가 법원이나 세무서 근처에서 보는 변호사와 세무사는 이런 특수한 상황에 대해 은행만큼 전문적인 상담을 제공할 수 없다. 그들은 대부분 기장이나 파산/이혼 같은 그들의 전문 영역에서만 탁월한 전문성을 가진다. 반면 은행의 컨설팅팀들은 재무와 관련된 희귀한 사례만 상담한다. 단시간에 빠르고 유용한 솔루션을 우리에게 제공할 수 있다.

은행원을 잘 활용하자. 은행원에게 전화해서 좋은 상품을 물어보는 것은 좋은 재테크를 위한 최적의 알고리즘이다. 은행원은 우리에게 세금우대, 특판 금리 등 다양한 요소를 참고한 좋은 답을 빠르게 제공해 줄 수 있는 존재다. 가급적이면 그들에게 양질의 조언을 구해보자. 어쨌거나 주변의 다양한 사람들과 친밀한 관계를 가지는 것은 즐거운 일이 아닌가?

은행원들에게는 카드 가입 시 주는 치약과 탁상 달력 이외에도 줄 수 있는 조언과 도움이 정말 많다. 그러므로 은행원들과 지속적인 관계를 유지하자. 인터넷에서 찾는 것과는 차원이 다른 무언가를 얻을지도 모른다.

언제든 도망갈 플랜 B
예금도 어쨌거나 투자다

세상에 위험 없이 고수익을 올릴 수 있는 자산은 존재하지 않는다. 은행도 마찬가지다. 예금보험공사에서 원리금을 보장해주는 은행 예금은 무위험 자산이다. 당연히 수익률이 낮다. 은행원으로서 나는 이 점을 분명하고 확실하게 지적하고 싶다. 그런데 이 당연한 이야기를 많은 사람이 믿지 않는다. 마치 영업 사원이 지금 파는 이 물건은 최저가가 아니라고 말해도 손님들이 번호표 뽑고 기다리는 느낌이랄까?

예금의 수익률이 낮은 것은 그것을 운용하는 은행이 예금 형태로 조달한 자금을 위험 자산에 투자할 수 없기 때문이다. 어떤 정신 나간 은행이 이런 짓을 한다고 해도 금융감독원이나 예금보험공사, 심지어는 회계기준까지 이것을 가만두고 보지 않는다. 예금으로 조달한 자금을 위험자산에 투자한다는 것은, 앞서 말한 생크림 케이크로 파르테논 신전을 짓는 일과 같다.

그러므로 다수의 은행들은 예금으로 조달한 돈 대부분을 매우 안전한 담보대출이나 신용도 우량한 사람(또는 기업)에 대한 신용대출로 운용한다. 당연한 이야기지만 담보 또는 우량한 신용등급을 가진 사람들은 높은 이자를 낼 필요가 없다. 이들에게 대출을 주고 싶어 하는 금융기관은 널렸고, 이들에게 적용되는 금리는 대출시장에서 일종의 최저금리 입찰 형태로 결정된다. 우량 채무자는 가장 낮은 금리를 제시한 금융기관에서 대출을 받을 것이다. 해당 금융기관은 최저금리 수준으로 결정된 이자에서 자신들의 몫을 뗀 다음 남은 것을 예금 이자의 형태로 예금자에게 전달한다.

앞서 말했듯이 은행은 자신이 필요로 하는 것 이상의 예금을 받고 싶지 않아 한다. 특히나 지금처럼 예금의 대체제가 많이 존재하며 대출을 해주기 까다로운 환경이라면 더더욱 그렇다. 은행이 무리해서 금리를 높게 설정해 예금을 받을 유인이 존재하지 않는다. 은행의 예금은 당연히 수익률이 형편없다. 낮은 이율 이외에도 적금이 좋은 재테크 수단이 아닌 이유들은 충분히 존재한다.

부자들은 모두 은행에서 출발한다

한국은행과 빨간 버튼

한국은행에는 지하에는 빨간색 버튼이 하나 있다. 이 버튼을 누를 경우 상황이 아주 고약하게 돌아갈 수 있기에 한국은행은 누구도 그 버튼을 함부로 누르지 못하도록 아주 깊숙한 곳에 숨겨두고 철통같이 감시하고 있다. 하지만 누군가 한국은행 지하실에 들어가서 그 버튼을 누르면 어떤 일이 벌어질까? 실제로 이런 일은 종종 일어난다. 누구도 그 버튼을 눌렀을 때의 결과를 확실히 말하지 못하지만 가장 설득력 높은 주장은 한국은행 소공동 본점의 뚜껑이 열리면서 5만 원 권 1억 톤 정도가 전국에 무작위로 살포된다는 것이다. 이 이야기를 하면 내게 많은 사람이 헛소리 말라고 하지만 실제로 이 버튼이 눌렸던 경우는 인류 역사에 빈번하게 일어났다.

과거에 독일이나 이탈리아에서는 이 경고문에도 불구하고 이 버튼을 누른 이들이 있었고, 그 결과 온 국민이 빵을 하나 사기 위해 수레에 지폐를 싣고 다녀야 했다. 이 이야기는 분명 누구나 한번쯤 들어보았을 것이다. 이렇게 화폐, 그러니까 유동성이라는 것이 세상의 목젖까지 차오를 때 물가는 폭등한다. 인플레이션이다.

만약 한국에서도 누군가 빨간색 버튼을 눌러, 한 달 사이에 물가가 1천 배 올랐다고 생각해 보자. 이제는 사람들이 현금을 사용하지 않으니 수레로 지폐를 옮겨야 하는 일은 없겠지만, 아마도 밥값이나 기름값을 결제할 때 뒤에 0이 3개는 더 붙을 것이다. 물가가 폭등하고 많은 사람이 힘들어할 것이다. 하지만 누군가는 무릎을 꿇고 감사의 기도를 드리거나 떠나가라 환호성을 지를 것이다.

빨간색 버튼이 눌렸을 때 가장 힘들어지는 사람은 많은 재산을 예금으로 가지고 있는 사람들이다. 물가가 올랐다는 이유로 은행에서 유감이라며 예금 이자를 단돈 1원이라도 더 주지는 않기 때문이다. 물가가 2배 올랐다면 만기가 되어 돈을 찾았을 때 그것의 가치는 정확하게 절반으로 희석될 것이다.

그러나 만약 그 자산을 부동산이나 주식에 담아두었다면 이야기는 조금 달라진다. 단기적으로는 부동산이나 주식이 물가 상승으로 인해 타격을 입을지 모르지만 결국은 회복이 된다. 부동산은 물가가 오른 만큼 언젠간 임대료가 올라갈 것이고, 충분한 시간이 지나게 되면 그만큼 결국 부동산 가격이 상승하기 때문이다.

주식은 의견이 분분하다. 왜냐하면 물가가 오른 만큼 제품 가격을 올릴 수 있는 것이 아니기 때문이다. 그러나 어떤 회사들은 물가가 오른 만큼 혹은 그것보다 더 많이 제품 가격을 올릴 수 있고, 재료비와 임금은 올리지 않고 버틸 힘을 가지고 있다. 그런 회사들의 주가는 올라가고 결국 빨간 버튼 효과는 상당 부분 상쇄되어 사라진다. 주식과 부동산은 장기적으로 물가상승률에 대한 강력한 저항력을 가지고 있다.

세상에는 물가가 오르기를 간절히 바라는 사람들이 존재한다. 빚을 진 사람들이다. 돈 문제로 힘들어하는 친구를 위해 근보증을 서 줬다고 가정해 보자. 아마 6개월 정도 지나면 보증이행 독촉 전화가 애인보다 더 자주 휴대폰을 울릴 것이다. 그때 우리는 인간의 좌뇌와 우뇌가 나뉘어 있다는 것을 알 수 있다. 좌뇌가 일을 하거나 잠을 자는 순간, 혹은 가장 행복한 순간에도 우뇌는 쉬지 않고 우리가 지고 있는 빚에 관한 걱정과 한탄을 늘어놓는다. 소주를 두 병 정도 냉면그릇에 따라서 원샷하는 것 이외에 우뇌를 닥치게 할 수 있는 방법은 세상에 존재하지 않는다.

그런데 그 순간 기적이 일어난다. 한 달 사이에 물가가 2배 뛴 거다. 여기서 가장 중요한 사실은 물가가 오른다고 대출 원금이 더 오르지 않는다는 점이다. 믿기지 않는다면 대출 거래약정서나 차입계약서를 보면 된다. 물가가 오르면 원금을 더 물어내야 한다는 조항 따위는 존재하지 않는다. 따라서 물가가 2배가 오른다면, 빚의 실질 가치는 1/2으로 희석된다. 만약 물가가 1천 배가 올랐다면 집에 있는 중고차를 20억 원에 팔고 3억 정도 되는 빚은 가뿐하게 다 갚은 뒤 17억짜리 스쿠터를 한 대 살 수 있을지도 모른다.

만약 누군가 대출을 받아 부동산을 샀다면 부동산의 가치는 오르고 대출의 가치는 희석될 것이다. 정말 멋지지 않겠는가? 갚을 수 없는 부채와 더불어 닥치지 않는 우뇌를 가지고 있는 사람들은 누구나 누군가가 빨간색 버튼을 눌러주기를 간절히 기도하고 있을지 모른다. 하지만 경건한 마음으로 예금을 하는 사람들은 언제고 빨간색 버튼을 누를 리스크에 그대로 노출되어 있는 상태다. 그것이 누군가 새끼손가락으로 '톡'하고 건드리는 것이건, 전속력으로 들이받는 것이건 그 강도와 상관없이 물가상승은 예금을 넣는 사람들에게 전적으로 해가 된다.

단단한 바탕이 생겼을 때

그리고 그 리스크는 점점 커져가고 있다. 왜냐하면 점점 더 많은 사람이 점점 더 많은 빚을 지고 있기 때문이다. 이것이 단군 이래 최대 규모로 늘어난 만큼 정상적인 방법으로 상환될 수 있는가에 관해 누구도 장담할 수 없다. 그 대출들이 정상적인 방법으로 통제가 되지 않을 경우 우리는 결국 빨간색 버튼을 누를 수밖에 없다. 그 버튼은 경제가 완전 누더기가 되어서 도저히 손을 쓸 수 없을 때 산뜻하게 다시 시작하기 위해 만든 국가경제 리셋 버튼이기도 하다. 점점 더 많은 사람이 그 버튼을 생각하고 있고, 그 버튼이 일자리를 만들어 낼 수 있다고 믿는다. 그리고 그 주장에는 분명 일정 부분의 진실과 진심이 담겨 있어 더 위험하다.

　예금은 인플레이션 현상에 대해 본질적으로 무방비하다. 10%든 100%든 인플레이션의 정도에 상관없이 예/적금을 한 사람들은 피해를 본다. 하지만 내 기억에 물가가 2%나 올랐다고 분개하며 한국

은행 앞에서 시위를 하는 예/적금 가입자는 없었다. 많은 사람이 이만큼 많은 빚을 지고 있는 지금, 그래서 자산의 100%를 예/적금에 담고 5천만 원까지 예금자보호가 있으니 무위험자산이라고 이야기하는 것은 위험하다. 예/적금은 장기적으로 위험자산이다.

예금은 사실 복리 상품이다

단리와 복리의 차이를 모르는 사람은 거의 없다. 미국의 인디언들이 푼돈을 받아서 맨해튼을 팔았는데, 그것을 복리로 운용했으면 뉴욕 전체와 텍사스 전체를 다 사고도 남았을 테지만 만약 단리로 운용되었다면 뉴욕의 허름한 10층짜리 빌딩도 살 수 없었을 것이라는 이야기는 굉장히 유명하다.

하지만 이는 비현실적인 소리다. 예금은 대표적인 단리 상품이지만 5백 년 동안 예금을 단리로 운용을 할 수 있다는 가정은 비현실적이다. 예금에는 만기라는 것이 짧든 길든 존재하기 마련이고, 만기에 예금에서 발생한 이자를 다른 곳에 쓰지 않고 원금과 다시 예금을 하는 이상 예금은 분명 복리 상품이다. 문제는 예금의 만기에 우리가 원천징수 당하는 세금이다. 2년이건 3년이건 예금의 만기가 돌아오고 예치를 다시 넣을 때마다 우리는 발생한 이자의 15.4%를 정부에 납부해야 한다.

하지만 부동산과 주식은 그렇지 않다. 만약 부동산을 1억 원에 샀는데 가격이 100억 원으로 올랐다고 해도 우리가 부동산을 일부러 거래하지 않는 이상 양도소득세는 발생하지 않는다. 죽을 때까지 팔지 않을 수도 있다. 그러면 양도소득세는 단 1원도 발생하지 않는다. 이는 부동산에 만기가 없기 때문이다. 주식도 마찬가지다. 한국은 주식에 양도소득세를 부여하지 않는다. 설사 존재하더라도 상관없다. 주식에는 만기가 없다. 1만 원에 산 주식이 5천만 원이 되더라도 팔지 않으면 양도소득세는 발생하지 않는다. 물론 부동산과 주식에는 배당소득세나 재산세 같은 세금이 붙지만 이들은 예금에 붙는 세금만큼 부정적인 영향을 미치지는 못한다. 예금은 만기가 존재한다. 세금을 피할 수 없다.

만기가 존재하는 예금은 최악의 세금 구조를 가진 금융상품이다. 물론 세제지원 상품들이 존재하고 이를 통해 혜택을 볼 수 있지만 모두 납입액에 제한이 있거나, 오랜 기간 예치를 해야 하거나, 늙어서 연금으로 받아야 하는 제약이 존재한다. 구조적인 세금 불이익을 상쇄할 상품은 없다. 정부가 호락호락 세금을 깎아줄 이유는 없으니까 말이다.

예금은 원리금을 보장하는 안전한 금융상품이고 그렇기에 당연히 수익률이 낮다. 또한 인플레이션에 완벽하게 무방비하다. 부채 규모가 매일 사상 최고점을 경신하는 시대에 살고 있는 우리는 두려워해야 한다. 예금은 위험 자산이다. 예금은 만기가 존재한다는 점에서 세금에 굉장히 취약한 구조를 가진 상품이다. 이런 모든 요소는 가뜩이나 낮은 예금의 수익률을 더욱 낮은 수준으로 갉아먹는다.

하지만 나는 적금을 좋아한다. 적금과 예금이 지닌 그 경건함을 좋아하고, 이를 통해 얻은 목돈을 좋아한다. 목돈이 내게 주는 든든한 안도감을 좋아한다. 하지만 예금과 적금은 하나의 도구이자 과정일 뿐, 재테크에 관한 완벽한 해답이 될 수는 없다. 앞서 이야기했듯 아무런 목돈 없이, 잉여 현금을 만드는 능력 없이, 자신의 소비패턴에 대한 파악 없이 사회초년생이 고위험 투자에 임하는 것은 미친 짓이다. 사회초년생의 손실내구도란 생크림케이크와 별반 다르지 않기 때문이다. 운 좋은 몇 명은 성공해서 하이라이트를 받을지 모르지만 그 뒤에 보이지 않는 곳에는 비참하게 쓰러져 간 아마추어들이 수두룩할 것이다.

마찬가지로 예/적금으로 충분한 목돈을 만든 다음 잉여현금흐름을 만드는 능력을 구축했으며, 검소하고 단단한 소비패턴을 가진 사람이 합리적인 수준의 위험을 감수하지 않는 것 역시 어리석다. 자신의 자원과 가능성을 충분히 활용해야 한다. 언제고 들이닥칠 인플레이션이 자산 가치를 모두 휩쓸어 갈 수 있다. 그러므로 갓 사회에 진입한 새내기라면 예금을 통해 첫발을 떼고 걸음마를 배우되 일정 수준이 되면 투자를 진지하게 생각해야 한다.

3

밑지지 않는
가장 기초의 지식

금융이론

금융시장의 말도 안 되는 규칙
하지 않아도 알아야 할 투자 이론

지금까지의 모든 이야기는 검소함과 저축이라는 단어로 요약될 수 있다. 이 두 고리타분한 두 주제에 대해 한참이나 이야기한 것은 사실상 이 두 요소가 투자의 성패를 결정 짓는 가장 기초적인 요인이기 때문이다. 검소하지 못한 사람, 저축하지 못하는 사람은 잉여현금흐름을 만들지 못하며 이들은 투자에서 발생하는 손실에 대해 내성을 가질 수 없다. 이런 조건에서 투자에 임하는 사람은 반드시 실패하기 마련이다. 처음 농구를 시작하는 루키들에게 공은 만지지도 못하게 하면서 달리기와 근력 운동을 먼저 시키는 감독의 마음과 같다고 할까? 결국 가장 중요한 것은 기초체력이다. 재테크도 마찬가지다. 검소한 삶과 저축을 통해 기초체력을 길러야 한다. 지금까지의 이야기는 기초체력에 관련된 것들이었다.

물론 샤킬 오닐Shaquille O'neal이나 마이클 조던Michael Jordan 같은 농구선수들이 기초체력만으로 농구의 신이 된 것은 아니다. 그러므로 지금부터는 투자 이론에 대해 본격적으로 이야기하려고 한다. 당연한 이야기지만 나는 남들보다 충분한 기초체력을 가지고 있는 사람이 있어도 지금 당장 공을 가지고 게임에 뛰어들라고 이야기하고 싶지 않다. 그전에 먼저 금융시장이 작동하는 원리에 대해 충분히 설명하고자 한다.

필수 지식과 약간의 상상력

금융이란 다른 자연과학 분야와는 다르다. 자연과학의 법칙은 시간과 공간을 초월해 모든 차원의 우주에 동일하게 적용한다. 예를 들어 원자의 강력 0.007은 현 상황이 지속되는 한 존재하는 모든 원자 하나하나에 동일하게 작용할 것이다. 반면 금융이란 단어에 법칙法則이라는 수식어를 붙여 '금융 법칙'이라는 단어를 만들어 낼 수 없다. 이는 당연한 것이다. 금융이란 몇몇 사람들이 급조해 낸 일종의 지구 경제 운영체제이며, 조악하기 짝이 없는 방식으로 작동한다.

사람들이 위험 회피적이라고? 위험과 수익은 비례한다고? 누구라도 조금만 신경을 쓰면 예외의 경우를 무수히 발견할 수 있다. 언제 어디서나 작동하는 금융이론, 금융 가설 같은 것은 존재하지 않는다. 그러므로 금융이 작동하는 방식에 대해 생각을 할 때는 약간의 상상력과 융통성, 그 근본인 작동 원리에 대한 이해가 필요하다. 어떤 이론과 가설도 정확하게 금융이란 현상을 설명하지 못하기 때문이다.

그럼에도 이런 불완전한 금융에 대한 이론적 이해는 중요하다. 지구에 살고 있는 사람이라면 좋든 싫든 금융시장으로부터 영향을 받고 있다. 따라서 여기에서 어떻게든 가장 합리적인 투자 행위를 해야 한다.

게임의 룰을 이해하지 못하는 사람은 아무리 기초체력이 좋아도 몇 번이나 실책을 범하게 되고 결국에는 패배할 수밖에 없다. 투자도 마찬가지다. 이론적 배경이 없이는 효과적인 투자를 할 수 없다. 게다가 지구에는 금융시장의 오작동이 마치 새로운 발견, 무적의 이론인 양 주장하며 쓰레기 같은 금융상품을 엄청난 수수료를 받고 판매하는 사람들이 매우 많다. 이런 함정을 피하기 위해서라도 금융시장에 대한 이해는 반드시 필요하다.

금융이론들이 항상 무력한 것은 아니다. 대개는 효과적으로 작동한다. 예를 들어 버블과 폭락이라는 현상을 보자. 금융시장에는 크고 작은 버블이 끊임없이 나타난다. 단기적인 시점에서 보면 버블과 폭락은 금융시장의 비효율적 작동의 상징처럼 보인다. 하지만 장기적인 시점에서 보면 버블과 폭락은 금융시장이 종국에는 최종 균형자로서 적절한 조정을 해낸 효율적 작동 사례로 이해할 수 있을 것이다. 금융시장이 최소한의 합리성과 일관성도 없이 작동하는 시스템이라면 사람들 대다수는 진즉에 모두 사망했을 것이다.

금융시장은 단순한 방식으로 작동한다. 불필요한 복잡성을 모두 걷어내면 남는 것은 몇 줄의 작동 원리밖에 없다. 하지만 이것을 이해할 수 있으면 투자라는 행위의 난이도는 급격하게 내려간다. 우리는 늘 신용카드의 할인 혜택을 기억하는 일이나 적절한 예금을 선별하는 일에 어려움을 겪는다. 하지만 금융시장의 작동 원리를 이해하는 것은 조금도 어렵지 않다. 뭔가를 암기할 필요 자체가 없다. 지금부터는 지구에서 금융시장을 움직이는 존재에 대해 이야기하려고 한다.

시장을 움직이는 가장 작은 입자
감정이 전체를 운영한다

나는 경제를 다루는 사람들의 방식에 관해 가끔 기이함을 느낀다. 사람들은 시장Market이라는 시스템을 이용해 자신이 가진 자원을 배분하고 사용한다. 시장이란 곧 경제를 의미한다고 할 정도다. 사람들은 자신의 경제 문제를 시장에 전적으로 의존하며 살아간다.

시장은 투표라는 정치 시스템과 함께 우리 삶을 운명짓는 가장 거대한 운영 시스템이라고 할 수 있다. 제정신을 가진 사람이라면 이 구조가 얼마나 기이한지 알 것이다. 시장엔 인격이 없기 때문이다. 우리는 자신의 운명을 인격도, 형태도 없으며 따라서 책임도 지지 않는 무형의 시스템에 온전히 내맡기고 있다. 그 결과 극심한 빈부 격차와 주기적인 경제 시스템 위기는 피할 수 없는 숙명이 되었다.

사람들이 경제와 관련해 전적으로 시장에 의지하는 것을 무작정 미련하다고 비판할 수만은 없다. 다른 대안이 없기 때문이다. 물론 우리 스스로 직접 경제 시스템을 운영하고자 시도했던 적이 있었다. 최근까지도 러시아와 중국에서 시도되었던 이 시스템은 괴멸적인 타격을 초래한 채 실패로 끝나곤 했다. 그것에 비하면 시장이라는 무형의 주체에게 경제 시스템을 운영할 전권을 부여하고 이로 인해 발생하는 주기적인 오작동 정도는 감수해야 한다는 것이 우리가 경제를 다루는 방식이다. 즉 시장이란 사람들이 자신의 제한된 능력과 자원에도 불구하고 지속적으로 생존하기 위해 만들어 낸 경제 운영 시스템인 것이다.

시장은 감정의 흐름이다

지구상에는 수없이 많은 시장이 존재한다. 그리고 그 모든 시장은 금융시장을 통해 하나로 연결된다. 이는 대다수의 시장이 돈이라는 매개체를 통해 거래하기 때문이다. 금융시장이 다른 모든 시장을 지배한다. 금융시장에서 거래되는 주요 상품은 돈 그 자체거나 미

부자들은 모두 은행에서 출발한다

래에 이행될 것으로 기대되는 약속들이다. '앞으로 3개월 후에 1천만 원을 드릴게요', '앞으로 영원히 제가 벌어들일 수익의 0.0032%를 드릴게요', '앞으로 4년 동안 환율이 하락하는 폭에 20억 원을 곱한 값을 드릴게요' 같은 약속을 종이에 적어서 거래한다. 이렇게 종이에 적힌 약속들을 증권이라고 한다. 최근에는 대부분의 증권들이 전산화되어 실물 자체가 존재하지 않는 경우가 대다수다.

약속이나 종잇조각들이 과연 무슨 가치가 있을까 싶고, 또 그걸 사려고 하는 이유가 뭔지 궁금할 수 있다. 심지어 이런 약속을 하는 주체인 '주식회사'는 서류로만 존재하는 상상의 산물이다. 종잇조각일 뿐인 약속이 뭐가 그렇게 중요하냐고 생각할 수 있겠지만 우리 사회는 종이에 적힌 약속이 지켜지도록 강제할 수단과 함께 거래 시스템을 지속적으로 발전시켜 왔다. 이런 방법은 전 세계적으로 표준화되었으며 꽤 효과적으로 작용한다. 또한 약속을 한 주체와 금액, 형태, 도래 시기 등을 통해 증권의 가격을 산정하는 방법을 끊임없이 개발하고 있다.

어떻게 보면 당연한 일이다. 사람들은 경제 시스템을 시장이라는 곳에 전적으로 의존하고 있으며 모든 개별 시장들은 금융시장에 종속되어 있기 때문이다. 금융시장이 더 이상 작동하지 않을 때 지구인들은 생존할 수 없다. 금융시장에서 거래되는 것은 형체조차 없는 약속들뿐이지만 금융시장은 지구의 경제 시스템 그 자체를 의미한다. 지구에서 가장 거대한 시장은 무기 시장도, 의식주 시장도 아니다. 이 모든 것을 아우르는 금융시장이다.

부자가 되기 위해서는 금융시장을 이해하는 것이 무엇보다 중요하다. 그리고 금융시장을 이해하기 위해서는 지구인의 의사결정 체계에 대해 이해할 수 있어야 한다. 금융시장이란 지구인들이 만들어내는 수백, 수천만 개의 거래들을 집계해 가격을 만들어 내는 시스템이기 때문이다. 각각의 거래를 만들어 내는 것은 사람이며, 이들을 움직이는 것은 그들의 마음, 또는 마음속에 들어 있는 무언가다. 따라서 금융시장을 이해한다는 것은 사람들의 마음속에 무엇이 들어있는가를 이해하는 것과 같다.

마음 가장 깊은 곳에 드는 감정

일단 마음을 이해하기 위해서는 뇌 구조를 이해할 필요가 있다. 인간의 뇌는 일종의 층계 구조를 이루고 있다. 깊이 내려갈수록 본능에 가까운 기능을 담당하는 기관이 존재한다. 뇌의 가장 깊은 부분은 움직임과 감각을 담당한다. 중간 부분에는 감정을 담당하는 부분이 존재하며, 가장 윗부분에는 이성을 담당하는 부분이 존재한다. 이는 인간의 진화 과정과 관련이 있다.

인간은 최초에 단순한 운동 기능만을 가진 해파리 비슷한 존재에서, 감정을 가진 생쥐 같은 존재로, 마지막으로 덧셈과 뺄셈을 할 수 있는 원숭이로 차례차례 진화해 왔다. 그리고 그때마다 인간의 뇌는 한 층씩 쌓여 현재의 복합적인 구조를 이루게 되었다. 지구인들은 자신들이 지성체인 양 거들먹거리지만 사실 그들이 가진 뇌의 이성적 기능은 의사결정에 그리 큰 영향을 미치지 못한다.

안토니오 다마지오Antonio Damasio는 저서 《데카르트의 오류》에서 사고로 인해 전두엽을 절제한 엘리엇의 이야기를 소개한다. 전두엽 절제술 이후 엘리엇은 이전과 동일하게 생각하고 추론할 수 있었으나 더 이상 감정을 느낄 수 없게 되어 버렸다. 오랫동안 과학자들은 감정이란 비이성적인 기능을 잃은 사람은 오로지 이성에 의지해더 합리적으로 결정하고 행동할 것이라고 생각했다. 그러나 감정을 잃어버린 엘리엇은 자신에게 무엇이 더 중요한지, 중요하지 않은지 판단하는 능력 자체를 상실해 버렸다. 그는 무엇도 올바르게 결정할 수 없는 사람이 된 것이다.

이는 인간이 이성적이라고 생각하며 내리는 거의 모든 결정조차도 실제로는 감정이라는 실질적인 지배자에 의해 좌우된다는 것을 보여준다. 모든 사람에게 매일같이 강림하는 지름신은 미약한 이성에 비해 감정이란 얼마나 파괴적인 폭군인지를 보여주는 실질적인 증거다. 경제란 결국 사람의 심리라는 유명한 말이 있다. 이는 개별이든 집단이든 지구의 시장 시스템을 움직이는 가장 중요한 요소가 감정이라는 뜻이다. 그렇다면 사람들은 지금 무엇을 느끼는지, 그들의 감정의 가장 깊은 곳은 무엇으로 이루어져 있는지를 알면 된다.

이것을 알아보기 위해 나는 점심을 먹으며 주변에 종종 "당신의 감정 가장 깊은 곳에는 무엇이 들어 있나요?"라고 묻곤 했다. 이는 인생에서 마주하는 가장 중요한 질문 중 하나임에도 사람들은 도통 관심이 없었다. 심지어 내가 점심을 샀을 때조차 이 질문에 관한 일 반적인 반응은 다시는 너처럼 이상한 사람과 밥을 먹지 말아야 겠다는 것에 가까웠다. 나는 질문에 문제가 있다는 것을 깨닫곤 곧 질문을 바꾸었다.

"어느 날 당신이 100억 원 상금의 로또에 당첨되었다. 주머니에 100억 원을 넣고 집에 가고 있는데 천사가 나타나서 동전 던지기 게임을 제안한다. 만약 앞면이 나오면 내 100억 원을 천사에게 준다. 만약 뒷면이 나오면 천사가 내게 110억 원을 준다. 간단한 사고 시험인 만큼 이 게임은 그 어떤 속임수나 거짓도 존재하지 않으며 동전은 정확하게 50%의 확률로 앞면이 나온다고 가정을 해보자. 천사와 동전 던지기 게임을 할 생각이 있는가? 힌트를 준다면 이 동전 던지기 게임의 기대이익은 5억 원이다."

이 질문을 받은 모든 사람은 그딴 내기를 할 생각이 없다고 대답 했다. 심지어 매주 로또를 사고, 와이프 몰래 경마장을 다니며 신용 대출을 받아서 주식을 사는 사람까지도 말이다. 그들 모두 천사와 의 100억 원짜리 동전 던지기 내기를 하지 않겠다고 했다. 그 이유를 물었을 때 답은 "너라면 하겠냐?"였다.

아마 내기를 하겠다고 대답하는 쪽이 맞는 것처럼 보일 것이다. 동전 던지기 게임의 기대 이익이 5억 원이기 때문이다. 나임의 마음 가장 깊숙한 곳을 지배하는 감정은 탐욕이다. 그러므로 기대 이익이 (+)인 내기는 마다할 이유가 없다. 그러나 이는 생각보다 그렇게 단순하지 않다. 기대 이익을 산출하는 방법을 몰라서 그러는 것일까 생각했지만 아니었다. 그렇다면 유일하게 납득 가능한 설명은 인간의 마음 가장 깊숙한 곳에 공포가 있다는 것뿐이다.

평소에 우리는 점잖은 척, 용감한 척, 아무렇지 않은 척한다. 하지만 결정적인 순간 마음을 가장 강력하게 지배하는 것은 공포심이다. 이는 사회에서 극소수의 인원이 압도적인 다수를 효과적으로 지배하고 통제하는 것에 관해서도 설명할 수 있다. 사람들의 마음속 가장 깊은 곳에 공포심이 있고, 이 공포심이 사람들의 행동을 지배한다. 이러한 특성은 인간의 기원과 진화 방향을 생각하면 이해하기 어려운 것도 아니다.

위험은 금융의 기초다

최초의 인간은 커다란 이빨이나 날개, 뿔, 근육도 없고 활이나 창, 칼처럼 자신을 방어할 수 있는 수단도 전혀 없었다. 가장 연약한 존재조차 육체적인 능력으로는 인류를 압도했다. 험난한 자연환경에서 생존하기 위해서 인류는 오랫동안 아무리 사소한 위험의 낌새에 대해서도 즉각적이고 강력하게 반응하는 인자들을 발전시켜야만 했다. 그렇지 못한 개체들은 대개 살아남기 어려웠다. 모든 인간의 유전자에는 굵은 글씨로 "위험을 회피할 것"이라고 각인되어 있다. 아마도 이 글씨는 영원히 지울 수 없을 것이다.

게다가 인류는 후천적으로 다시 한 번 위험을 회피하기 위한 과정을 밟는다. 인류의 역사는 '전통이나 관습에서 벗어난 생각이나 행동을 하는 사람을 몰살시키는 과정'으로 요약해 볼 수 있다. 위험에 무감각한 사람 중 다수가 남과 다르다는 이유만으로 추방당하거나, 화형에 처해지거나, 돌에 맞아 죽고는 했다. 이런 과정을 통해서 인류는 다시 한번 학습한다. 위험을 최소화할 것. 무리와 달라지지말 것. 두려워할 것. 유전자에 각인된 인자들과 후천적 학습을 통해대다수의 인류는 위험을 좋아하지 않는다.

사회를 지탱하는 가장 중요한 운영체제는 금융시장이다. 금융시장은 사람들이 만들어내는 수백, 수천만 개의 개별 거래들을 통해 형성되는 가격 결정 메커니즘이다. 이때 각각의 개별 거래들을 만들어 내는 것은 사람들의 마음이다. 그 사람들의 마음 가장 깊은 곳에는 공포가 자리하고 있다.

사람들은 위험 회피적이다. 금융은 이 한 줄의 명제에서 시작된다.

가진 담력만큼 벌어가십시오
이항 지구와 리스크 프리미엄

고위험 고수익High risk High return은 인간이 위험 회피적이기에 발생하는 현상이다. 금융시장 역시 시장과 마찬가지로 수요와 공급의 법칙이 작용한다. 만약 우리 대다수가 위험 회피적이라면 위험도가 높은 금융자산들은 낮은 수요로 인해 더 낮은 가격에 거래될 것이다. 기대 이익이 동일하다면 더 낮은 가격에 거래된 금융자산이 더 높은 기대수익률을 만들어 낼 것이다. 사람들이 흔히 말하는 고위험 고수익이란 이런 현상을 축약해 보여준다.

위험을 감수하지 않는 대가

고위험 고수익을 조금 더 직관적으로 이해하기 위해, 훨씬 단순한 행태의 지구를 하나 떠올려 보자. 이 행성의 이름은 이항Binomial지구다. 이항 지구는 동전 던지기와 순수한 수학적 법칙들이 지배하는 세상이다. 예를 들어 이항 지구에서 어떤 기업가가 사업을 하려고 한다면 그는 종업원을 고용하거나, 오랜 기간 연구 생산을 하거나, 판매를 위해 노력할 필요가 없다. 기업가는 자본을 조달한 다음 동전을 던지기만 하면 된다. 앞면이 나오면 사업은 성공한다. 동전의 뒷면이 나오면 사업은 실패한다. 이곳에서 동전의 앞뒷면이 나올 확률은 50%로 완벽하게 동일하며 그 어떤 거짓도, 속임수도 존재하지 않는다.

이항 지구에는 두 종류의 사업 기회가 존재한다. 첫 번째 사업의 이름은 고위험이다. 고위험이 성공할 경우 200억 원의 수익이 발생하지만 실패할 경우 0원의 수익이 발생한다. 이 경우 고위험에 기대되는 수익은 100억 원이다. 그러나 이 사업 자체는 내재한 위험, 즉 자칫하면 투자금을 모두 잃을 수 있다는 점을 이유로 100억 원보다 낮은 가격에 판매될 수밖에 없다. 앞서 인간은 위험 회피적이라고 이야기했다. 이것은 이항 지구에서도 동일하게 적용된다. 금융시장은 각각 사업들의 가격을 입찰을 통해 결정한다. 예를 들어 고위험의 가격이 50억 원에 결정되었다면, 이때 고위험의 기대이익은 50억 원이며 기대 이익률은 100%다.

두 번째 사업은 저위험이다. 저위험이 성공할 경우 120억 원의 수익이 발생하지만 실패할 경우 80억 원의 수익이 발생한다. 저위험의 경우도 기댓값은 100억 원으로 고위험과 동일하다. 하지만 저위험의 사업은 고위험보다는 훨씬 더 안전하다. 최악의 경우에도 80억 원을 회수할 가능성이 존재하기 때문이다. 만약 저위험의 가격이 80억 원에 결정되었다고 생각해 보자. 저위험의 기대이익은 20억 원이며 기대 이익률은 25%다.

사람들은 위험을 좋아하지 않는다. 그들이 위험을 수용하는 것은 충분한 보상이 보장될 때뿐이다. 앞서 고위험의 가격이 50억 원에 결정된 것에 비해 저위험의 가격은 80억 원에 결정된 것을 보았다. 이처럼 금융시장은 기댓값이 동일하더라도 위험한 사업에 대해 가격을 더 많이 깎아먹는 방식으로 작동한다. 이를 할인Discount이라고 한다. 미래의 기댓값이 동일함에도 인간은 각기 내재된 리스크에 따라 가격을 다르게 결정함으로써 자신들이 감수할 위험에 대한 보상 체계를 마련한다. 이 차이를 리스크 프리미엄Risk Premium이라고 한다.

리스크 프리미엄은 흔히 고위험 고수익이라고 표현되지만 이는 정확하지 않다. 기댓값이 동일할 때 고위험 자산은 저위험 자산보다 더 낮은 가격에 거래되므로 더 높은 이익률을 기대할 수 있다High Risk, Low Price so you may expect Higher Return고 표현하는 것이 정확하다. 사람들이 위험 회피적이기 때문에 결국엔 고위험 자산이 더 높은 기대수익률을 가지게 된다.

구분	앞면	뒷면	기댓값	가격	기대이익	기대수익률
고위험	200억 원	0원	100억 원	50억 원	50억 원	100%
저위험	120 억 원	80억 원	100억 원	80억 원	20억 원	25%

리스크 프리미엄은 실재하는가?

문제는 리스크 프리미엄의 개념을 이해하는 것이 아니라 우리가 살고 있는 지구의 금융시장에 리스크 프리미엄이 존재하냐는 점이다. 이를 확인하기는 어렵지 않다. 리스크 프리미엄이 존재하는지 확인하는 가장 좋은 방법은 채권과 주식의 수익률을 비교해서 보는 것이다. 주식은 속성상 채권보다 훨씬 위험한 자산군이다. 어떤 기업이 미래에 벌어들일 것으로 예상되는 수익을 어림하기가 매우 어렵기 때문이다. 부동산의 경우 임대료율을 통해서, 채권의 경우 이자율에 따라서 미래의 수익을 상당히 정확하게 예측할 수 있지만 어떤 기업이 미래에 얼마의 수익을 낼지는 추측에 의존할 수밖에 없다. 게다가 주식에 투자하는 사람들은 다른 사람보다 자신의 몫을 가장 나중에 주장할 수밖에 없다.

주식의 경우 어떤 기업에서 매출이 발생했을 때 여기서 납품업자에게 물품 대금을 지급하고, 근로자에게 임금을 지급하고, 채권자에게 원금과 이자를 지급하고, 정부에 세금을 지급하고 이도 부족해서 향후에 이런 비용을 지급하는 데 별다른 지장이 없을 것이라는 사실을 확인한 다음에야 기업은 수익의 일부를 주식의 소유주에게 지급을 할 수 있다. 주식을 '잔여 이익 청구권'이라고 표현하기도 하는 이유다. 반면 어떤 기업이 손해를 보거나 혹은 손해를 볼 것이 예상되기만 해도 가장 먼저 손실을 보아야 하는 것이 주식의 소유주들이다. 이런 까닭으로 주식은 모든 자산군 중 가장 변동성이 크며 위험한 자산군으로 분류된다.

이에 반해 채권은 속성상 주식보다는 훨씬 안전한 자산군으로 분류된다. 채권에 투자한 사람들은 자신이 투자한 기업이 파산했을 때 기업의 공장이나 기계를 처분해서 투자원금을 얼마라도 회수할 수 있기 때문이다. 아울러 정부가 발행한 채권, 즉 국채는 무위험자산으로 분류되는데, 이는 정부의 경우 돈이 없을 때 얼마든지 돈을 더 찍어낼 수 있기 때문이다.

그렇다면 가장 위험한 자산군인 주식의 수익률과 가장 안전한 국채의 수익률을 비교해보면 지구에 리스크 프리미엄이 존재하는지 여부를 확인해 볼 수 있다는 이야기이다. 우선 미국의 사례를 보도록 하자. 와튼 스쿨Wharton School의 제러미 시겔Jeremy Siegel 교수는

《주식에 장기 투자하라》라는 책에서 무려 210년에 걸쳐 다양한 자산군의 실질 총 수익률을 비교하였다. 시겔 교수에 따르면 만약 1802년에 다양한 자산에 투자했을 경우 2012년 각각의 자산을 통해 얻을 실질적인 가치와 연 환산 실질 수익률은 아래 표와 같다. 결과부터 말하자면 장기적인 주식의 수익률은 장기국채, 단기 국채, 금을 모두 압도한다.

자산군	실질 가치	연 환산 실질 수익률
주식	704,997	6.6%
장기 국채	1,778	3.6%
단기 국채	281	2.7%
금	4.53	0.7%
미국 달러	0.05	-1.4%

《주식에 장기 투자하라》, 제레미 시겔 지음/이건 옮김, 그래프를 표로 변환하여 인용

미국 이외 다른 국가의 사례를 보자. 영국의 엘로이 딤슨Elroy Dimson 등은《낙관론자들의 승리》라는 책을 통해 세계 각국의 주요 자산별 과거 100년간(1900~2000년)의 연 환산 실질 수익률을 비교하였다. 사례에 포함된 모든 주요 국가에서 주식의 투자 수익률은 장단기 채권의 수익률을 압도한다.

부자들은 모두 은행에서 출발한다

국가	주식(%)	장기 채권(%)	단기 채권(%)
호주	7.5	1.1	0.4
벨기에	2.5	-0.4	-0.3
캐나다	6.4	1.8	1.7
덴마크	4.6	2.5	2.8
프랑스	3.8	-1.0	-3.3
독일*	3.6	-2.2	-0.6
아일랜드	4.8	1.5	1.3
이탈리아	2.7	-2.2	-4.1
일본	4.5	-1.6	-2.0
네덜란드	5.8	1.1	0.7
남아공	6.8	1.4	0.8
스페인	3.6	1.2	0.4
스웨덴	7.6	2.4	2.0
스위스	5.0	2.8	1.1
영국	5.8	1.3	1.0

출처 : 엘로이 딤슨 지음, 《낙관론자들의 승리》
* 독일의 경우 1922~1923년 장단기 채권 데이터 제외

마지막으로 한국의 주식시장도 다르지 않다.

구분	투자금		연환산 명목 수익률	비고
	2000년 6월	2020년5월		
주식(KOSPI)	100만 원	332만 원	6.18%	배당수익률 포함
단기 국채	100만 원	189만 원	3.23%	국고채 1년 수익률

투자의 꽃은 아는 사람에게만 핀다

인간은 위험 회피적이다. 따라서 위험한 자산에 대해서는 그만큼 더 많은 보상을 요구한다. 더 많은 보상은 더 많은 할인이라는 형태로 만들어진다. 더 많은 할인은 시간의 경과에 따라 더 큰 기대로 수익률로 실현된다. 주식의 경우 구조상 채권과 비교하면 훨씬 더 위험한 자산군이다. 미래 현금흐름을 예측하기가 어렵고 상환 청구권 우선순위에서는 가장 뒤로 밀려난다. 그렇기에 주식은 미래가치에 비해 훨씬 더 많이 할인되었을 것이라 생각할 수 있다. 즉 주식의 장기 수익률이 채권의 장기 수익률보다 높을 것이라고 기대할 수 있다. 하지만 이것은 어디까지나 하나의 가설이다. 이 가설을 입증하기 위해 우리는 여러 과거 사례를 확인해 보았다. 그리고 당연히 많은 국가에서 주식의 장기 수익률이 채권의 장기 수익률을 앞서는 것을 확인했다.

나는 주식을 투자의 꽃이라고 생각한다. 하지만 많은 사람이 주식 투자에 실패한다. 문제는 주식시장에 있지 않다. 문제는 주식시장에 투자하는 방식에 있다. 사람들은 주식시장이 채권시장보다 더 높은 장기 수익률을 낸다는 사실을 쉽게 받아들이지 못한다. 그 이유는 주식에 투자했다가 참담한 결과를 초래한 수많은 사람을 실제로 주변에서 만날 수 있기 때문이다. 주식투자에 실패한 사람들은 주변 사람들에게 주식시장 따위 거들떠보지도 말라고 신신당부

한다.

"주식시장에 투자하면 패가망신하는 거야." 나는 살면서 수십 차례나 이런 이야기를 들었다. 언젠가 코스피 시장은 내게 이런 이야기를 한 적이 있었다. "나는 과거 30년 동안 28배 성장해서 연 환산하면 7.9%의 수익률을 만들어서 사람들에게 전달해 줬어. 그런데 나한테 투자하면 패가망신한다는 주장은 도대체 어떻게 가능한 거지? 그것이 가능하긴 한 거야?" 주식시장이 들으면 억울해서 울화병이 터질 이야기다. 대다수의 사람이 주식투자에 실패하는 원인은 주식시장에 있지 않다. 그들이 실패하는 원인은 분산 투자를 제대로 알지 못했다는 데 있다.

리스크를 학살하는 가장 확실한 방법
분산 투자를 해야 하는 이유

금융시장은 분산 투자를 기본 전제로 작동한다. 예를 들어 국민연금의 포트폴리오를 보면 마치 바둑판처럼 세분화되어 자산군, 만기 상품에 다양하고 촘촘히 분산 투자되어 있는 것을 볼 수 있다. 마찬가지로 그 어떤 연기금, 은행, 보험사, 증권사를 보더라도 이들의 자산은 모두 분산 투자되어 있다. 이들이 이렇게 투자하는 것은 금융기관의 임직원들이 바보이거나 소심해서가 아니다. 경영자, 정책 결정자, 투자자들 모두 분산 투자를 합리적이라고 생각하기 때문이다.

국민연금의 포트폴리오 구성 비중		
구분	잔액	비중
포트폴리오 추이(시장가)	653,629	100.0
복지 부문	147	0.0
금융 부문	652,710	99.9
국내주식	123,935	19.0
해외주식	125,376	19.2
국내채권	305,942	46.8
해외채권	24,832	3.8
대체투자	70,725	10.8
단기자금	1,899	0.3
기타부문	773	0.1

(단위 : 10억 원, %, 2018. 9월 기준)

출처 : 국민연금 공단 공시자료 일부 재구성

심지어는 선택과 집중을 신봉하는 사람들이 닳도록 인용하는 워런 버핏조차도 그렇다. 워런 버핏Warren Buffett은 버크셔 해서웨이 Berkshire Hathaway라는 회사에 올인하듯 투자했지만 그 회사 자체는 현금, 채권, 주식 등 다양한 자산군으로 구성되어 있으며 주식만 하더라도 아메리칸 익스프레스, 애플, 코카콜라, 제네럴모터스 등 다양한 업종들로 구성되어 있다. 대체로 논란의 여지가 있는 것은 분산 투자를 어떻게 하느냐의 문제다. 주식 투자에 있어 분산 투자가 중요하다는 점에서는 많은 사람이 동의한다.

버크셔 해서웨이의 주식투자 비중(2017년 12월말 기준)	
회사	주식투자 비중(%)
아메리칸 익스프레스 컴퍼니	17.6
애플	3.3
뱅크오브아메리카	6.8
뉴욕 멜론 은행	5.3
비야디BYD 자동차	8.2
차터 커뮤니케이션즈	2.8
코카콜라	9.4
델타 항공	7.4
제너럴모터스GM 자동차	3.2
골드만삭스	3.0
무디스Moody's 인베스터스	12.9
필립스 66	14.9
사우스 웨스트 항공	8.1
U.S. 뱅코프	6.3
웰스파고	9.9

출처 : 버크셔 해서웨이 2017년 사업보고서

　이런 현상을 보고도 사람들 대부분은 분산 투자의 중요성을 인식하지 못한다. 당연한 수순으로 분산 투자를 하지 않게 된다. 그래서 투자에 실패한다. 여기에는 두 가지 이유가 있다. 우선 분산 투자 같은 것을 하지 않아도 막대한 투자 수익을 거두는 사람들은 분산 투자가 중요하지 않다고 이야기한다. 그들 중 대다수는 분산 투

부자들은 모두 은행에서 출발한다

자가 아니라 제약주나 IT 특정주에 '몰빵 투자'를 했기에 성공했다. 이들의 이야기는 "투자란 자신이 가진 달걀을 가장 좋은 바구니에 모아놓고 혼신의 힘을 다해서 그 바구니를 지켜보는 것"으로 요약된다. 대체로 그들은 단순히 운이 좋아 높은 수익을 거뒀을 뿐이지만 이들의 이야기는 미디어를 통해 전파되며 강력한 설득력을 갖는다.

반면 분산 투자를 하지 않아 처참하게 실패한 사람들의 이야기는 전달되지 않는다. 설사 전달되더라도 이들의 사례가 주는 교훈은 분산 투자를 반드시 해야 한다는 것이 아니다. 이들의 메시지는 "저처럼 똑똑한 사람도 실패했네요. 주식시장은 위험하니 은행 예금이나 하세요"라는 형태로 사람들에게 공유된다. 그 결과 일반 사람들은 위험 회피뿐만 아니라 분산 투자 기피까지 갖게 되었다.

분산 투자의 중요성을 인식하지 못하는 두 번째 이유는 분산 투자가 위험을 감소시킨다는 주장에 공감하지 못해서다. 성공하기 위해서는 선택과 집중이라는 과정을 거쳐야 한다. 충분한 수익을 벌어들일 수 있는 사람들은 특정한 분야에서 고도의 숙련도를 획득한 경우다. 이를 위해서는 자신의 전문 분야에 대한 고도의 집중이 필요하다. 직업뿐 아니라 취향, 습관, 취미, 가족 등 중요하게 생각하는 가치들을 위해서는 선택과 집중이라는 과정이 반드시 필요하다. 그러나 금융에서는 선택과 집중보다 분산 투자가 중요하다고 이야기하니, 누구도 쉽게 공감할 수 없는 것이다.

완전 분리기의 등장

분산 투자에 공감할 수 없다 하더라도, 입증할 수는 있다. 이를 위해 앞서 소개한 이항 지구 이야기를 다시 이어서 하도록 하자. 이항 지구에는 완전 분리기라는 독특한 기계가 존재한다. 완전 분리기는 세상에 존재하는 어떤 것이든 속성의 변화 없이 정확하게 반으로 분리시킬 수 있다. 예를 들어 완전 분리기에 토끼를 집어넣고 분리 버튼을 누르면 두 동강 난 토끼 시체가 나오는 것이 아니라 정확하게 절반의 크기만큼 축소된 토끼 두 마리가 깡충거리며 뛰어나오는 것이다.

앞서 이야기한 고위험의 사업에 내재된 위험은 완전 분리기를 통해 제거가 가능하다. 시장에서 가장 많이 사용되는 위험 측량 지표는 표준편차다. 표준편차는 값의 분포도를 나타내는 수치로 결과가 평균 주변에 가깝게 분포되어 있을수록 표준편차는 더 낮아지게 된다. 반면 결과값들이 평균에서 더 멀리 분포되어 있을수록 표준편차는 더 높아진다. 이해하지 못한다고 하더라도 상관없다. 표준편차가 높을수록 위험이 더 높다고 알면 된다. 앞서 고위험과 저위험의 표준편차를 비교해 보면 안정성보다 성장성의 표준편차가 더 높다. 즉 표준편차 100억 원인 성장성 사업은 표준편차 20억 원인 안정성 사업보다 훨씬 위험하다는 것이다.

지금부터는 고위험 사업에 내재된 위험을 제거시키는 작업을 해

부자들은 모두 은행에서 출발한다

보자. 우선 고위험 사업을 완전 분리기에 넣는다. 고위험 사업은 완전 분리기에 넣었을 때 기댓값이 50억 원인 두 개의 사업으로 나누어진다. 앞면이 나오면 200억 원, 뒷면이 나오면 0원이 나오는 위험성의 사업은 이제 앞면이 나오면 100억 원, 뒷면이 나오면 0원이 나오는 고위험 사업 2개로 분리되었다. 한 번의 분열을 거친 사업 2개의 기대이익의 합계는 100억 원으로 분열 전과 동일하지만 표준편차는 71억 원으로 감소한다.

2개로 분리된 사업을 다시 완전 분리기에 넣고 4개로 나누어 보

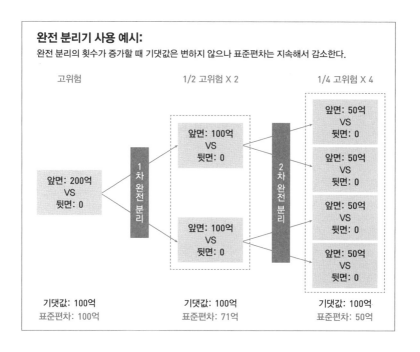

완전 분리기 사용 예시:
완전 분리의 횟수가 증가할 때 기댓값은 변하지 않으나 표준편차는 지속해서 감소한다.

자. 2개의 사업이 4개의 사업으로 분리되었을 때 다시 한 번 표준편차는 감소한다. 이를 완전 분리기가 고장 날 때까지 멈추지 않고 반복한다면 어떻게 될까? 사업의 개수는 2, 4, 8, 16, 32 등 2의 배수로 점점 증가할 것이다. 이때 기대이익은 변하지 않는다. 다만 사업이 잘게 분열될수록 결과 값 분포는 기대이익 100억 원에 밀착하게 된다. 분열의 횟수가 증가할수록 표준편차는 0에 수렴한다. 이는 위험의 소멸을 의미한다.

예를 들어 고위험이 완전 분리기를 10번 작동했다고 생각해 보자. 성장성은 1,024개의 사업을 갖게 되며 각각의 사업은 앞면이 나오면 1천 953만 원의 값을 돌려준다. 물론 뒷면이 나왔을 때 수익은 변함없이 0이다. 이때 산출되는 표준편차는 3.1억 원이다. 조

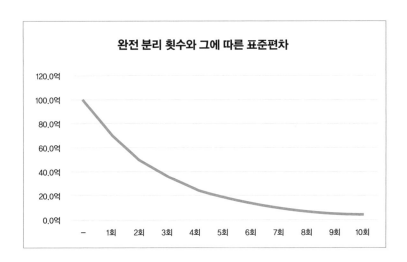

부자들은 모두 은행에서 출발한다

금 더 풀어서 이야기하면 기대이익 100억 원에 표준편차 3.1억 원이라는 것은 99.9%의 확률로 90.4억 원에서 109.6억 원의 값을 얻게 되는 의미다. 만약 이것조차 위험하다는 생각이 든다면 얼마든지 완전 분리기를 더 사용하여 리스크를 더 줄일 수 있다.

단순히 사업을 잘게 잘랐을 뿐인데도 사실상 리스크가 사라지는 것은 완전 분리기를 통해 나뉜 사업들이 독립적이기 때문이다. 이항 지구에 1,024개의 사업이 있고 각각의 사업들이 독립적이라고 할 때 첫 번째 사업은 나머지 1,023개의 사업들의 결과에 영향을 미치지 못한다. 즉 사업 간의 상관관계가 0인 것이다. 상관관계가 0일 때 자산의 숫자가 늘어남에 따라 내재된 위험은 0에 수렴한다.

분산 투자의 히든카드, 상관관계

금융시장에는 헤아릴 수 없이 많은 금융자산이 존재한다. 각각의 금융자산 간에 상관계수가 1이 아닌 이상 분산 투자는 반드시 리스크를 감소시키는 효과를 발휘한다. '반드시'라고 말한 점을 눈여겨 봐주기 바란다. 실질적으로 두 개의 이질적인 금융자산의 상관관계가 1인 경우는 존재하지 않기 때문이다. 모든 시계열에서 동일하게 가격이 변동하는 자산이 존재한다는 가정은 지구 반대편 어딘가 나와 동일한 유전자와 영혼을 가진 사람이 존재한다고 믿는 것과 같다.

이항 지구에서는 모든 자산의 상관관계가 0이었기 때문에 완전 분리기를 통해 자산의 개수를 무한대로 증가시킴에 따라 리스크를 0에 수렴시킬 수 있었다. 하지만 지구의 금융시장에서는 아무리 분산 투자를 해도 리스크를 0으로 수렴시킬 방법은 존재하지 않는다. 모든 금융자산의 상관관계는 0보다는 1에 더욱 가까운 곳에 존재한다. 상식적으로 전혀 관계가 없을 것이라고 생각되는 미국의 IT 기업과 한국의 라면회사 주가 사이에도 상당한 상관관계가 존재한다. 이로 인해 분산 투자를 통해서 제거할 수 있는 리스크의 양에는 한계가 있다. 즉 현재 상황에서는 분산 투자를 통해서 리스크를 0으로 만들 수 없다. 그렇다고 하더라도 분산 투자를 하지 않는 것은 바보 같은 짓이다. 기대이익이 동일할 때 아주 위험한 것보다는 그냥 위험한 것이 훨씬 낫기 때문이다.

분산 투자는 그것을 가능하게 해준다. 투자를 시작하려 한다면 분산 투자를 할 것이냐 말 것이냐는 고려할 대상으로 생각조차 하지 말아야 한다. 분산 투자를 어떻게 할 것인지가 당신이 고민해야 할 부분이다.

지지 않는 아프로디테의 쇼핑 리스트
현대 포트폴리오 이론

오래전 올림포스 여신들 사이에 미모 대결이 벌어진 적이 있었다. 운명의 세 여신은 트로이의 파리스 왕자를 심판으로 정했다. 풍요의 여신 헤라, 지혜의 여신 아테네, 사랑의 여신 아프로디테까지 세 명의 아름다운 여신은 파리스 왕자에게 가서 가장 아름다운 여신에게 황금 사과를 전해달라고 했다. 파리스 왕자는 아프로디테에게 황금 사과를 건네주었다. 이로서 올림포스에서 가장 아름다운 여신은 아프로디테로 결정되었다.

여신들은 모두 완벽한 미모를 가지고 있기 때문에 실제로 가장 아름다운 여신을 결정한 요인은 그들이 착용한 의상과 장신구였다고 봐야 한다. 그러나 헤라와 아테네는 이런 결과를 납득할 수 없었다. 당시 모든 왕과 제후는 지혜와 풍요의 여신들에게 많은 것을 빚지고 있었다. 왕과 제후들은 언제나 자신이 바칠 수 있는 최고의 제물을 헤라와 아테나에게 바쳤다. 하지만 왕과 제후는 미의 여신에게는 빚을 진 게 없었다. 이로 인해 아프로디테의 수익은 헤라와 아테나에 비해 보잘것없었다. 그럼에도 아프로디테의 싸구려 허리띠 하나에 패배하고 만 것이다. 헤라와 아테네가 평가가 공정하지 않았다고 제우스에게 따져 물었고, 그로 인해 결국 트로이 전쟁이 발발했다.

아프로디테는 미의 여신이자 쇼핑의 여신이다. 아프로디테는 아마추어들이 이해하지 못하는 것을 이해하고 있었다. 아프로디테가 생각하기에 물건 자체의 아름다움만을 보고 구매하는 것은 초콜렛으로 저녁상을 차리는 것만큼이나 멍청한 짓이다. 아이템 자체의 아름다움은 쇼핑을 결정하는 중요한 판단 요소이기는 하지만 고려해야 할 여러 사항 중에 하나일 뿐이다. 쇼핑을 할 때는 자신이 이미 보유하고 있는 의상들과의 상관관계를 고려해야 한다. 만약 어떤 악세사리가 볼품없어 보인다고 할지라도 이미 보유하고 있는 다른 의상의 아름다움을 극대화할 수 있다면 사지 않을 이유가 없다. 두 번째로 고려할 사항은 변동성이다. 맹렬히 변화하는 올림포스의 패션 트렌드와 여신들의 불멸성까지도 계산해야 한다. 지금 이 순간 가장 아름다워 보여도 그건 찰나일 뿐이다. 아프로디테는 쇼핑할 때 아이템이 가진 본질적인 아름다움과 더불어 자신이 소유하고 있는 방대한 컬렉션과의 상관관계, 아이템에 내재된 변동성을 고려해 궁극의 쇼핑 리스트를 작성했다. 쇼핑은 정보력과 분석력, 판단력, 자제력을 동시에 필요로 하는 고도의 지적 활동이다.

현재 아프로디테가 가지고 있는 의상과 장신구의 컬렉션 규모를 생각해 보면 아무리 여신이라도 그처럼 방대한 요소들을 감안하여 쇼핑 리스트를 만들 수는 없다. 하나의 아이템을 사기 위해서는 기존에 아프로디테가 가지고 있는 물건에 관한 데이터와 더불어 새로운 아이템과의 상관계수라는 방대한 데이터를 처리해야 한다.

하지만 아프로디테에게는 헤파이스토스라는 남편이 있었다. 오래전 헤파이스토스는 제우스의 번개 창을 만들어 준 대가로 아프로디테를 아내로 얻을 수 있었다. 헤파이스토스는 제우스의 창을 만들기 위해 다중 선형 분석을 기반으로 한 최적화 기계Optimizer라는 시스템을 구축해 사용했다. 창에 들어가는 재료의 접합 방식과 크기, 강도에 관한 데이터를 모두 최적화 기계에 적재하고 시작 버튼을 누르면 역행렬 산출을 통해 궁극의 답을 얻을 수 있다. 아프로디테는 남편이 집을 비울 때면 이 최적화 기계를 이용해 궁극의 쇼핑 리스트를 만들곤 했다. 트로이 전쟁이 끝난 이후에도 헤라와 아테네는 가장 아름다운 여신의 자리를 얻기 위해 천문학적인 돈을 쇼핑에 쏟아부었다. 하지만 아프로디테는 계속 가장 아름다운 여신이었다. 최적화 기계는 변함없이 강력하며, 아프로디테 또한 계속해서 아름다웠다.

최적화 기계가 금융시장에서 작동한다면

아주 오랜 시간이 흐른 뒤, 우리 사회는 건축물이나 항공기 구조를 설계하거나 대기권을 이탈하여 달까지 여행을 하는 경로를 결정하는 데 최적화 기계를 사용하는 방법을 조금씩 터득하고 있었다. 컴퓨터의 등장은 이러한 움직임에 기름을 부은 격이었다. 그리고 1960년 즈음 대학원을 다니고 있었던 해리 마코위츠Harry Max Markowitz는 이런 생각을 해냈다. '만약 세상에 존재하는 모든 금융자산의 기대이익과 변동성(위험), 상관관계를 알 수 있다면 최적화 기계Optimizer를 이용해 궁극의 포트폴리오를 구할 수 있지 않을까?'

이전까지만 해도 분산 투자를 해야 한다는 것은 상식에 속했지만 어떻게 얼마나 분산 투자를 해야 하는지에 대해서는 누구도 산술적으로 답을 하지 못했다. 마코위츠는 자신의 생각을 현대 포트폴리오 이론Modern Portfolio Theory이라는 논문으로 발표했고 노벨상을 받았다. 마코위츠의 아이디어는 간단하다. 금융자산으로 포트폴리오를 구성할 때는 기대수익률과 변동성, 자산들 간의 상관관계를 함께 고려해야 한다는 것이다.

궁극의 포트폴리오를 만드는 방법은 간단하다. 지구에 존재하는 모든 금융자산들의 기대수익률과 변동성, 상관관계에 대한 온전한 데이터베이스를 구한 다음 최적화 기계에 집어넣고 시작 버튼을 누르기만 하면 된다. 세상에 존재하는 모든 공과대학의 커리큘럼은 결국 다양한 영역에서 최적화 기계를 어떻게 구현하고 운영하는가에 관한 것이다. 컴퓨터가 지천에 널린 현재의 지구에서 최적화 기계를 구하는 것은 전혀 문제가 없다. 문제는 그 속에 들어가야 하는 데이터베이스에 있다.

투자란 미래를 대상으로 한 행위다. 금융자산들에 대한 온전한 데이터는 오직 미래에만 존재한다. 그 누구도 미래에 가서 데이터베이스를 현재로 가져오는 데 성공하지 못했다. 그렇기 때문에 사람들은 궁여지책으로 과거의 데이터베이스를 가져다가 현재에 적용시키는 방법을 사용해서 궁극의 포트폴리오를 만들고자 했다. 이 방법에는 몇 가지 문제가 있었는데, 우선 과거에서 가져온 데이터가 현재에서 유효한지 누구도 알 수 없다는 것과 금융자산의 과거 수익률, 변동성, 상관관계라는 것이 끊임없이 변한다는 것이었다.

최적화 기계가 사용되는 다른 영역에서는 이런 문제가 존재하지 않는다. 항공기나 초고층 빌딩, 우주선을 만들 때 사용되는 모든 재료들은 현재에 있다. 이들의 강도를 비롯한 다양한 물질적인 특성들은 자와 저울, 온도계만 있으면 간단하게 측정할 수 있다. 그러므로 산출된 데이터를 최적화 기계에 쏟아넣으면 짠하고 최적의 답은 튀어나온다. 게다가 이런 데이터가 시간이 지난다고 변하는 것도 아니다. 2천 년 전 파르테논 신전을 지었을 시점의 재료 속성은 현재 시점에도 동일하다. 그러나 금융시장 데이터 팩에 속한 데이터 값은 불과 어제의 측정값이라고 해도 현재 시점까지 유효한지 누구도 확신할 수 없다.

몇몇 사람들은 과거에서 추출한 데이터베이스에 몇 가지를 조정하면 현재 시점에서 사용하는 데 아무런 문제가 없다고 주장한다. 이런 이야기를 들을 때면 나는 오두막에서 수정구슬로 미래를 점쳐주는 귀여운 마녀 동화가 생각난다. 약간의 차이가 있다면 자신이 예언을 할 수 있다고 주장하는 사람들이 대개는 커튼월로 치장된 고층 사무실에서 블룸버그 터미널과 구글을 사용한다는 정도일 뿐이다. 커튼월도 블룸버그 터미널도 예언을 팔아서 마련한 것이란 점을 과거의 마녀들이 알았더라면 참으로 격세지감을 느꼈을 것이다.

최적화 기계는 매우 예민한 메커니즘이다. 아주 약간의 데이터의 오차만으로도 최적화 값은 전혀 엉뚱한 방향으로 산출될 수 있다. 현대 포트폴리오 이론은 이론적으로 완벽하지만 거기에 넣어야 할 데이터 팩이 현재는 불완전한 형태로만 존재한다. 그것에 대한 조정 작업을 할 수 있다고 주장하는 사람들 또한 모두 불완전하다.

부자들은 모두 은행에서 출발한다

그러므로 쓸 수 없다.

마코위츠의 현대 포트폴리오 이론은 이론적으로 완벽하다. 문제는 우리가 아직 시간여행을 하는 방법을 발견하지 못했다는 것이다. 그러므로 마코위츠의 방법은 궁극의 포트폴리오를 만드는 방법으로 적절하지 않다. 궁극의 포트폴리오를 만드는 다른 방법이 있기는 한 걸까. 이에 대한 답으로 나는 하나의 가설을 소개하려 한다.

불완전함을 인정하는 가설

감정적인 나의 효율적 시장

효율적 시장가설Efficient Market Theory은 금융을 이해하는 데 있어 중요한 이론이다. 만약 금융시장이 최소한의 효율성도 없이 작동한다면 금융시장은 힘없는 사람에게서 힘 있는 사람에게로 부富를 이전하는 기능 이외에 아무것도 할 수 없다. 종국에는 이마저도 할 수 없을 것이다. 아무도 금융시장 따위 거들떠보지도 않을 테니까.

게다가 금융시장이 효율적이지 않다고 생각한다면 앞서 이야기한 금융이론들 모두가 보편적이고 일관적이고 체계적으로 작동할 것이라고 믿을 근거 자체가 없어진다. 시장이 매우 비효율적이라고

부자들은 모두 은행에서 출발한다

믿는 사람이라고 해도 이들이 시장의 빈틈에 투자해서 이윤을 만들어 낼 수 있는 것은 늦든 빠르든 종국에는 시장이 효율적인 지점으로 회귀한다고 믿기 때문이다. 결국에는 고평가/저평가된 자산 가격이 적정한 수준으로 조정되지 않고 지속된다면 전문 투자라는 업도 지속할 수 없다. 순수한 카오스는 정렬될 수 없다. 하지만 대다수의 사람은 효율적 시장가설에 대해서는 거의 알지 못한다. 여기에는 두 가지 이유가 있다.

시장은 효율적이기 어렵다

첫 번째 이유는 효율적 시장가설이 아직 입증되지 못한 이론이기 때문이다. 효율적 시장가설은 말 그대로 하나의 가설Theory이다. 가설이란 아직 증명되지 못한 이론을 의미한다. 증명되지 못한 모든 이론과 마찬가지로 효율적 시장가설은 이를 부정하는 집단에 의해 끊임없이 공격을 받고 있다. 수없이 많은 사람이 자신이 금융시장의 빈틈을 찾아 그 속에서 거대한 시장 초과 수익을 꺼낸 이야기들을 질리지도 않게 반복해서 이야기한다. 그리고 이를 근거로 자신이 금융시장보다 똑똑하며 금융시장은 비효율적이라는 것을 증명하려 시도한다.

　반면 효율적 시장가설을 믿는 사람들은 자신들이 다트를 던져 만들어 낸 포트폴리오나 원숭이가 만들어 낸 포트폴리오가 대다수의 펀드 수익률과 비교하여 수익이 낮지 않았다는 점, 대다수의 펀드 매니저의 수익률이 시장 수익률을 쫓아가지 못하는 점을 들어 금융시장이 효율적이라는 점을 증명하려 시도한다. 하지만 어느 쪽도 결정적으로 자신이 옳다는 점을 증명하지 못한다.

이는 금융시장이 고정된 시스템이 아니기 때문이다. 금융시장은 지금 이 순간도 효율적인 상태와 그렇지 않은 상태 사이 어딘가를 표류하고 있다. 게다가 금융시장의 경계 자체도 불분명하다. 금융시장의 범위가 어디인지에 대해서도 사람들은 아직 협의점을 찾지 못하고 있다. 게다가 금융이론가들은 자산의 가격을 알 수 없다는 이유로 유동성이 떨어지는 자산군을 제외한 채 태연히 상장증권들만을 대상으로 효율성을 검증한다. 이는 과연 맞는 검증 방식인가? 물론 이에 비판을 할 수 있지만 다른 대안이 존재하는 것도 아니다. 그러므로 효율적 시장가설은 결코 증명될 수 없는 이론인 것이다.

두 번째 이유는 효율적 시장가설이 금융기관들의 수익을 감소시킨다는 것이다. 일반적으로 사람들이 금융에 대한 정보를 얻는 가장 큰 채널인 신문, 뉴스, SNS, 책, 재무상담사, 자산운용사 등은 기본적으로 수익을 발생시켜야 한다. 이런 채널을 통해 수익을 발생시키는 단 하나의 방법은 자신이 시장을 초과하는 수익률을 만들어내는 방법을 알고 있다고 주장하는 것뿐이다. 효율적 시장가설에 의하면 투자 수익률은 순수한 무작위성을 따르기 때문에 금융시장에서 어떠한 초과 수익도 만들어 내지 못한다고 주장하는 사람이 있다고 생각해 보자. 이들은 오래전에 모두 굶어 죽었을 것이다. 반면 시장은 효율적으로 작동하지 않고 자신이 시장 초과 수익률을 만들어 낼 수 있다고 주장하는 사람들은 천문학적인 돈을 벌기도 한다. 이들은 조언 자체를 팔거나 돈을 위탁받아 대신 운용함으로써 막대한 수익을 벌어들인다. 이들이 금융시장이 효율적이라는 주장을 할 이유가 없다.

어떤 시인이 노래했다. 오래 보아야 예쁜 사람이 있다고. 금융시장 또한 그렇다. 장기적으로 보면 효율적이다. 이것은 장기적으로 보면 금융이론들이 보편적이고 일관적이고 체계적으로 작용할 것이라고 기대한다는 뜻이다.

그럼에도 불구하고 시장은 효율적이다

효율적 시장가설은 중요하다. 만약 금융시장이 어느 정도라도 효율적으로 작동하지 않는다면 앞서 우리가 본 내용들과 앞으로 이야기할 내용들이 아무런 의미가 없다. 시장이 효율적이라고 가정하는 것은 금융시장에 어느 정도 통용되는 규칙이 있고, 이것들이 일반적인 상황에서는 대개는 무리 없이 작동한다고 믿을 수 있다는 뜻이기도 하다. 설사 일시적으로 금융시장이 효율적이지 않더라도 결국은 원래의 상태로 회복한다고 믿는다는 뜻이다.

나는 지금 규칙에 관해 이야기하고 있다. 규칙이 있다는 것은 내가 금융시장에 리스크 프리미엄과 분산 투자 효과가 지금까지 존재했고, 앞으로도 존재할 것이라 생각한다는 뜻이다. 효율적 시장 가설에 냉소적인 사람들조차도 금융시장이 때때로 비효율적이지만 장기적으로는 효율적인 지점을 찾아 수렴한다는 내용에 동의할 것이다. 다만 그 과정이 매끄러운지가 문제일 뿐이다. 버블의 탄생과 붕괴는 단기적으로 균형점을 벗어난 금융시장이 장기적으로는 효율적인 방향으로 움직인다는 것을 보여준다. 앞으로도 그럴 것이다. 만약 그렇지 않다면 우리의 경제 시스템은 지속적으로 운영될 수 없기 때문이다.

효율적 시장가설이 중요한 또 다른 이유는 금융시장 지금도 진화하는 것처럼 보인다는 사실이다. 금융시장의 규제는 더 강해지고 있으며, 중요한 정보들은 금융시장에 투명하고 공정하게 공시되도록 강제된다. 무엇보다 금융시장에서 데이터를 얻고, 그것을 해석하는 방법, 실행하는 방법 자체가 빠르게 상향 평준화되고 있다. 아이돌 대신 피터 린치Peter Lynch나 워런 버핏의 브로마이드를 방에 붙인 중학교 시절을 거쳐 방학에는 엑셀 단축키를 익히는 데 시간을 보내고, 해리포터 대신 기업가치 분석 도서를 읽으며, 용돈으로 코

코넛 선물거래를 하면서 성장한 이들이 매년 수천 명씩 MBA에서 쏟아져 나와 금융시장으로 직행한다(캐빈 루스의 《영머니》를 옮겨 왔다). 아등바등하면서 이윤을 만들어 내기 위해 모두가 노력하지만 대다수가 실패한다. 당연한 일이다. 그들의 총합이 금융시장 그 자체이기 때문이다. 그들의 경쟁이 치열할수록 그들의 수익은 시장 수익률에 근접할 것이고, 금융시장은 더 효율적으로 작동할 것이다.

효율적 시장가설이 중요한 마지막 이유는 효율적 시장가설이 금융시장을 이해하고 활용하는 방법을 극도로 간소화하기 때문이다. 앞서 살펴본 마코위츠의 이론을 현실에 적용시키기 위해서는 세상에 존재하는 모든 자산의 변수에 대한 미래 데이터를 가지고 있어야 한다. 하지만 이런 데이터는 존재하지 않는다. 슈퍼컴퓨터가 휴대폰에 내장되고 모든 사람이 6살짜리 아이 숙제로 소수 판별 알고리즘을 구현하는 날이 온다고 하더라도 마찬가지다. 타임머신이 존재하지 않는 이상 이런 데이터는 도출될 수 없다. 존재하지 않기 때문에 쓸 수 없는 이론이다. 하지만 금융시장이 효율적이라고 가정한다면 이런 사소한 문제를 가볍게 극복할 수 있다.

금융시장이 효율적이라고 가정하는 것은 금융시장이 현재까지 알려져 있는 모든 가용한 데이터를 활용하여 이상적인 가격을 책정했을 것이라는 의미다. 그리고 새로운 정보가 나타나면 빠른 속도로 그것을 반영하여 새로운 균형점을 찾을 것이라는 의미다. 즉 현재의 금융시장에 배분된 부의 배팅 비율이 인류 전체의 지성이 작동하여 만들어 낸 궁극의 레시피라는 뜻이다. 이 궁극의 레시피를 시장 포트폴리오라고 부른다. 이론적으로 이 시장 포트폴리오는 다른 어떤 금융자산이나 포트폴리오보다 위험조정 수익률이라는 측면에서 우월하다. 설사 시장 포트폴리오보다 높은 수익률을 얻는 사람이 있더라도 곰곰이 따져 분석해보면 그는 더 많은 리스크를 감수했거나, 운이 좋았거나 둘 중에 하나일 것이다. 금융시장이 효율적일 때 시장 포트폴리오는 궁극의 포트폴리오가 된다.

시장이 모든 것을 해결한다. 누구도 시장 포트폴리오에 대한 배타적인 지적 재산권을 주장하지 않는다. 그러므로 이론적으로는 누구나 시장 포트폴리오를 만들 수 있다. 구글 파이낸스를 사용하면 금융시장을 구성하는 개별 종목들의 현재 시장 가격을 알 수 있다. 엑셀을 통해 각각의 개별 종목이 전체 시장가치에서 차지하는 비중을 산출한 다음에 HTS(투자자가 증권 회사의 객장에 나가지 않고 컴퓨터를 이용하여 인터넷으로 주식 매매 주문을 하는 시스템)을 통해 이것을 구현하면 된다. 이렇게 만들어진 시장 포트폴리오는 위험조정 수익률이라는 측면에서 다른 어떤 포트폴리오보다도 더 낫다.

물론 쉽지 않다. 이런 복잡하고 지루한 일을 직접 하는 것은 어리석은 일이다. 사실 직접 할 필요가 없다. 다른 사람을 시킬 필요도 없다. 이미 이런 상품들은 규격화되고 대량 양산되어 전국의 증권사, 은행, 보험사를 통해 판매되고 있다. 이들을 활용하면 투자의 난

이도는 급격하게 내려간다.

하지만 이를 위해 먼저 금융상품이 어떻게 만들어지고 작동하는지 이해해야 한다. 지금까지 우리는 인간이 위험 회피적이라는 사실에서 출발하여 분산 투자, 현대 포트폴리오 이론, 효율적 시장가설까지 금융시작이 작동하는 주요 원리들에 대해 이야기했다. 그리고 지금부터는 이러한 금융시장의 작동 원리를 바탕으로 실제 금융상품들이 어떻게 만들어지고 판매되며 작동하는지 알아보려고 한다. 처음으로 이야기할 주제는 주식과 채권이다.

'만족하는 나'와 함께 시작해야 한다

나는 뉴스를 보지 않는다. 꽤 오래되었다. 내가 뉴스를 보는 것은 자전거를 타고 편의점을 지날 때 진열된 신문 헤드라인을 스쳐 지나가며 보는 것, 헬스장에서 샤워하고 물기를 닦으면서 체중계 위에 달린 텔레비전으로 뉴스를 보는 것 정도가 전부다. 자전거를 타지 않는 날이나, 목욕탕 관리장 아저씨가 지난 예능 재방송을 보고 있는 날은 아예 뉴스를 보지 못한다.

뉴스는 재미있다. 강력한 중독성이 있다. 그 수다스러운 이야기꾼을 삶에서 떼어놓기 위해 나는 꽤 오랜 시간 Safari 앱을 비활성화시켜야만 했다. 그렇게까지 내가 뉴스를 삶에서 떼어놓기 위해 노력한 것은 뉴스를 통해 추가로 얻을 수 있는 투자 수익률이 없다고 생각했기 때문이다. 뉴스뿐만 아니다. 나는 동일한 이유로 시황 리포트나 종목 분석 자료 같은 것도 보지 않는다. 나의 이런 행태에는 나름의 정교한 이론적 배경이 있다.

나는 효율적 시장가설을 지지하는 쪽이다. 효율적 시장가설이란 금융시장에는 나보다 부지런하고 똑똑하며 얍삽한 사람들이 헤아릴 수 없이 많이 존재한다는 사실을 인정한다는 이론이다. 이 이론에 따르면 그들은 나보다 더 빠르게 정보를 입수하고 분석하여 시장에서 굴러다닐지도 모르는 눈먼 돈을 몽땅 긁어간다. 그들은 때때로 비공개 자료를 불법적으로 사용하거나 조작하면서까지 시장을 초과하는 수익을 추구하고, 감독기관은 수수방관할 수밖에 없다.

시장이 효율적으로 작동하므로 뉴스를 볼 필요가 없다는 것은 나만의 생각이 아니다. 나심 니콜라스 탈레브도 자신이 효율적 시장 가설을 지지하는 입장에 있기 때문에 뉴스를 보지 않는다고 이야기했다. 뉴스를 보지 않는 시간에 뉴욕 센트럴파크에 가서 명상을 한다고 한다.

나는 신문과 텔레비전을 완전히 끊어버렸고, 그 덕택에 막대한 시간을 얻었다. 물론 신문 읽기가 쓸모 없다는 근거가 이것만은 아니다. (…) 그것은 내가 비즈니스 세계의 온갖 자질구레한 것들을 무시해 버리는 데 대한 훌륭한 변명, 완벽한 알리바이가 되어 주었다. 나는 비즈니스 세계의 세세한 것들에서 어떤 흥미로운 것도 발견하지 못했다. 그것들은 천박하고 따분하고 거만하고 탐욕스럽고 무지하고 이기적이고 지겨울 뿐이었다.

_나심 니콜라스 탈레브, 《블랙 스완》 중에서

효율적 시장가설은 내게 이야기한다. 어차피 너는 해도 안 되니 엄한 데 힘 빼지 말고 헬스장에서 운동하거나, 블로그에 글을 써서 올리라고. 나는 여기에 별 불만을 느끼지 못했고 그래서 기쁜 마음으로 알겠다고 이야기했다. 나는 효율적 시장가설을 좋아한다. 이 이론은 내가 금융시장을 바라보는 시각을 획기적으로 간소화시켜주었고 경제신문을 읽거나 지루한 세미나에 참석하지 않아도 되는 완벽한 이론적 변명거리다.

그러나 뉴스를 보지 않는 나에게도 남아 있는 일거리가 있다. 시장 수익률이다. 모든 투자 수익률은 시장 수익률과 시장 초과 수익률(이것을 알파라고 한다)로 구성된다. 즉 알파를 포기하더라도 시장 수익률 정도는 충분히 얻을 수 있다는 이야기다. 금융시장은 이미 인덱스 펀드나 ETF같이 시장 수익률을 효율적으로 복제하는 수단을 매우 저렴하게 제공하고 있다.

문제는 내가 알파 대신 시장 수익률 수준에 만족할 수 있냐는 점이다. 미래의 시장 수익률이 얼마가 될지는 누구도 알 수 없다. 하지만 과거 추세나 관련된 금융이론들을 고려했을 때 나는 1개 단위의 시장 리스크를 감수하는 대가로 5~7% 정도의 연간 수익률을 얻을 것이다. 인플레이션을 차감하면 3.5~5.5% 정도다.

투자 수익률 = 시장 수익률 + 시장 초과 수익률(α)

우리가 투자라는 행위를 하는 데 있어서 가장 먼저 답해야 할 질문은 바로 "이 정도의 수익률에 대해 만족할 수 있으세요?"다. 나의 대답은 '네'였다. 그래서 나는 내가 가지고 있는 잉여자금의 상당한 금액을 ETFExchange Traded Fund와 인덱스펀드에 투자하고 있다. 이 두 상품을 통해 저렴하고 투명하게 시장을 복제할 수 있다. 물론 이런 투자 방법을 통해 수익률 잭폿을 터뜨릴 수는 없다. 하지만 장기적으로 시장 수익률만큼의 투자 수익률을 차곡차곡 쌓아올릴 수 있다. 나는 이것이 개인 투자자가 할 수 있는 가장 가성비 좋은 투자라고 생각한다. 나로서야 별로 관심도 없는 주제들에 대해 관심을 끄고 사는데도 불구하고 이 정도의 수익률을 제공한다면 불만이 없다. 약간 아쉽기는 하지만 그만큼 아끼고 저축을 조금 더 하면 되는 것일 테니까. 작은 것에 만족하면 되는 것일 테니까. 그래서 일과 후에 책을 읽고 글을 쓰고 운동하는 삶을 산다. 나는 시장 초과 수익률을 포기하는 대신 내가 좋아하는 일과 내가 가진 가능성에 더 투자하고 있는 것이다.

나는 워런 버핏이 똑똑한 사람일 것이라는데 별로 이견이 없다. 하지만 세상에는 버핏과 같은 사람이 10만 명은 될 것이라고 생각한다. 심지어 그중에서 몇 천 명 정도는 버핏보다 2만 배는 빠르고 정확하게 정보를 처리할 수도 있다. 하지만 바로 그것이 문제다. 가치투자라는 행위 자체에는 거의 아무런 진입장벽이 없다. 워런 버핏과 동일한 투자 철학을 가지고 동일하게 펀더멘털에 기초한 가치투자를 철저하게 수행하므로 버핏만큼 수익률을 낼 수 있을 것이라고 생각하는 사람은 경제학 원론 책부터 다시 읽어봐야 할 것이다. 희소성의 원칙 말이다. 찾기 쉬운 재화와 노력, 재능으로는 돈을 벌 수 없다. 투자도 마찬가지다. 워런 버핏은 브랜드에 투자한다. 잊지 말아야 할 것은 워런 버핏이라는 이름 그 자체도 세상에서 가장 강력한 브랜드 중 하나라는 사실이다. 그는 자신이 워런 버핏이라는 이유 하나만으로 금융시장에 널려있는 알파를 깡패처럼 휩쓸어 간다. 아마도 조금만 관심을 가지고 살펴보면 그가 오로지 자신의 이름이 가진 힘으로 알파를 선점한 사례를 10개는 찾아낼 수 있을 것이다.

데이비드 스웬슨David Swensen도 마찬가지다. CDS라는 산업을 통째로 만들어낸 그가 똑똑하지 않을 리 없다. 그러나 그가 알파를 만들 수 있었던 것은 그가 똑똑해서가 아니다. 그가 운용하는 자금이 예일대학기금이기 때문이라고 생각하는 게 더 타당하다. 매년 대학교에 유입되는 기부금과 사실상 무한대인 투자기간까지 고려하면 예일대학기금은 화강암만큼이나 강한 손실 내구성을 가지고 있다. 그리고 그 강점을 최대한 활용하여 최적의 대체투자 전략을 구사한다. 교과서에 소개될 정도니 가장 뛰어난 투자 기회는 예일대학교로 가장 먼저 흘러들어 간다. 예일대학기금의 투자자금을 유치했다는 사실 그 자체가 강력한 마케팅 포인트와 이력이 된다. 설사 일시적인 손실이 발생했다고 하더라도 예일대학교는 추가로 돈을 더 넣어줄 힘과 지혜가 있다. 그래서 대체투자 시장의 알파가 눈 달린 것처럼 제 발로 예일대학교로 찾아가는 것이다. 이를 명확히 이해해야 한다.

이처럼 초과까지 다다르기 위해서는 당신에게 뭔가가 있어야 한다. 시장이 간절하게 원하지만 아무나 제공할 수 없는 그 무언가가 당신에게 있어야 한다. 당신에게는 아마도 없을 것이며, 물론 나도 없다. 애초에 그런 사람은 굳이 재테크를 할 필요도 없다. 그런 사람에게는 알아서 돈이 흘러들어 올 테니 말이다. 그러므로 당신은 알파 따위 세상에 없는 것처럼 무시하고 사는 편이 더 현명하다. 어차피 당신의 몫이 아니다. 우리에게 허락된 삶이라는 자원은 더 소중하고 귀중한 곳에 사용되어야 마땅하다.

나는 효율적 시장가설을 대신하여 당신에게 말하고 싶다. 좋아하는 일을 하고, 잘하는 거 하라고. 한낱 인간의 피조물에 불과한 금융시장이 당신의 시간과 영혼을 지배하도록 허락하지 말라고 말이다. 당신은 그딴 덜떨어진 시스템보다 우월하고 아름답다. 당신이 좋아하고 몰입하는 그것에 금융시장 같은 것보다 훨씬 더 가치 있는 무언가가 있을 것이다.

　나는 그 증거들을 매일 마주한다.

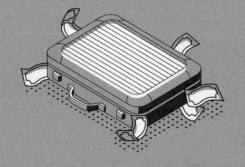

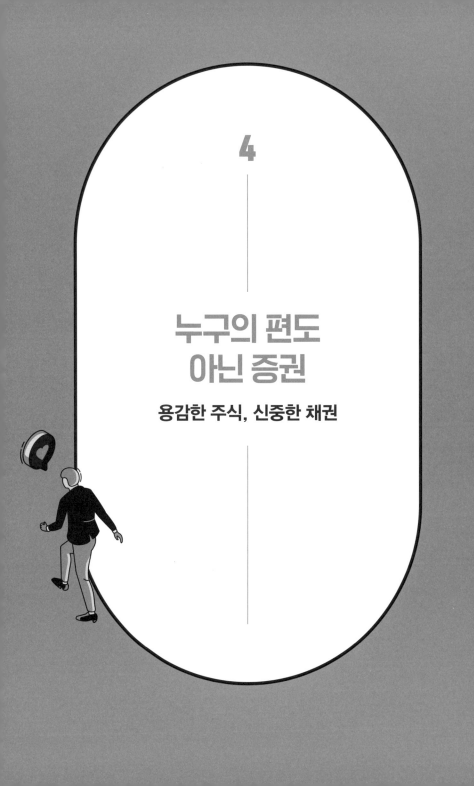

4

누구의 편도
아닌 증권

용감한 주식, 신중한 채권

핫도그 가게를 가장 비싸게 팔려면
주식과 채권이 만들어지는 과정

밥 아저씨의 핫도그 가게는 리어카 한 대와 방수천으로 이루어진 포장마차로 시작했다. 하지만 이제 밥 아저씨의 핫도그 가게는 더 이상 가게라는 수식어가 어울리지 않는다. 밥 아저씨의 핫도그 가게는 하나의 다국적 기업이다. 밥 아저씨는 전 세계에 체인점을 가지고 있는 핫도그계의 거물이었다. 하지만 밥 아저씨는 본인이 너무 늙었으며 은퇴를 준비해야 한다고 말한다. 반평생 핫도그를 튀겨온 그는 이제 핫도그가 지겹단다. 은퇴 후에 그는 봄날 같은 사랑을 찾아 전 세계를 누빌 것이다. 밥 아저씨는 한 번의 이혼 경력과

50세의 나이, 볼록 나온 올챙이배 정도는 포르쉐를 통해 극복할 수 있다고 주장했다.

하지만 문제가 있었다. 그는 바닥부터 성층권으로 올라온 사람답게 셈이 지나치게 밝았다. 밥 아저씨는 자신의 핫도그 가게를 되도록 높은 가격에 판매하고 싶었으나 맘처럼 되지 않았다. 처음엔 자신이 믿을 수 있는 지인이나 종업원들에게 판매하려고 했지만 이내 생각을 접었다. 이렇게 제한된 인원 내에서 매수자를 찾는 것은 매매도 어렵거니와 제값을 받기도 쉽지 않다.

밥 아저씨는 고민하다가 이베이와 아마존에 기업을 매각한다는 글을 올렸다. 하지만 이것 역시 쉬운 일은 아니었다. 일반적으로 핫도그 가게, 즉 기업이라는 상품은 컴퓨터나 자동차보다 가치를 매기기 복잡하고 가격도 훨씬 더 비싸기 때문이다.

아마존이 아무리 모든 것을 팔 수 있다고 주장한들 밥 아저씨의 핫도그 가게가 아마존에서 판매될 가능성은 없다. 이베이, 쿠팡, 알리바바, 중고나라도 마찬가지다. 밥 아저씨의 핫도그 가게가 제값에 거래될 수 있는 창구는 오직 금융시장뿐이다. 만약 밥 아저씨가 자신의 핫도그 회사를 판매하고 싶다면 반드시 금융기관들에게 의뢰해야 한다.

부자들은 모두 은행에서 출발한다

기업 매각 주관은 복합 금융 예술이다

밥 아저씨는 먼저 일전에 기업을 매각한 경험이 있는 친구들에게 전화를 했고 이들은 밥 아저씨에게 지극히 현명한 조언을 해주었다. 기업을 매각하는 일은 휴대폰을 사는 것과 같아서, 여러 가게를 방문해 가격 상담을 해봐야 한다는 것이다. 다만 차이점은 밥 아저씨가 가게를 팔기 위해 발품을 팔 필요가 없다는 것이다. 전화면 충분하다. 밥 아저씨는 금융기관에 전화로 "얼마까지 해줄 수 있어요?"라고 물었고 금융기관들은 "얼마까지 알아보고 오셨어요?"라고 대답하지 않는다. 금융기관들은 자신이 밥 아저씨의 핫도그 가게를 얼마에 팔아치울 수 있을지 맹렬하게 계산하기 시작했고 각각 괜찮다고 생각하는 최고가를 불렀다.

기업 매각 주관은 복합 금융 예술이다. 아울러 그 규모가 기본적으로 몇 백억 원에서 몇 조 원까지 달하기 때문에 가장 수익성이 높은 산업 분야이기도 하다. 하지만 한국은 작은 나라다. 1년에 몇 건 일어나지 않으므로 이런 건수가 발생할 때마다 금융기관들은 수익성은 물론이거니와 경쟁사에게 질 수 없다는 마음으로 치열하게 경쟁한다. 그들 사이에서 최고 가격 입찰이 벌어지는 것이다.

결국 가장 높은 가격을 써내는 사람이 이 딜을 따내고 주관 수수료를 가져간다. 금융기관들은 할 수 있는 모든 방법을 동원해서 밥 아저씨에게 가장 높은 가격을 제시하려 발버둥 칠 것이다. 그런데 여기에는 한 가지 딜레마가 있다. 너무 낮은 가격을 제시하면 거래 자체를 따낼 수 없다. 너무 높은 가격을 제시하면 기업 매각 자체가 무산될 수 있다. 실패는 금융기관에 금전적인 손실뿐만 아니라 평판에도 손상을 입을 수 있다.

그러므로 금융기관들은 가격을 써내기 전에 최대한 높은 가격에 안정적으로 매각을 완료할 모든 방법을 강구한다. 이 노력은 궁극적으로 두 가지 질문으로 수렴한다. 핫도그 가게의 실질적인 가치와 그것을 매각하는 최적의 형태다. 이 두 가지를 제대로 파악하지 못하는 금융기관은 거래를 따낼 수 없다.

측정할 수 없는 값어치 예측하기

밥 아저씨의 핫도그 가게를 판매하는 것은 5만 톤짜리 돼지를 판매하는 것과 비슷하다. 금융기관들이 핫도그 가게 매각 건을 따내기 위해 가장 먼저 해야 할 일은 기업의 정확한 가치를 측정하는 일이다. 판매하려는 돼지의 무게를 측정하는 것과 같은 이치다. 정확한 무게를 측정하지 못하면 매각 예정 가격을 산출할 수 없다. 하지만 세상에 5만 톤의 무게를 측정할 수 있는 저울은 존재하지 않는다. 따라서 돼지의 무게는 몇 가지 가정을 두고 어림해 봐야 한다. 과거 판매된 돼지들의 무게, 부피 데이터가 필요하다. 그리고 과거의 데

부자들은 모두 은행에서 출발한다

이터가 이번 돼지한테도 동일하게 적용될 것이라는 가정하에 금융기관은 줄자와 계산기만 가지고도 어느 정도 정확한 돼지의 무게를 산출할 수 있다. 물론 100%는 아니겠지만 상당히 정확할 것이다.

핫도그 가게의 가치 측정도 마찬가지다. 금융기관은 밥 아저씨의 과거 이익과 자산의 구성을 다른 기업과 비교해서 대략적인 가치를 측정할 수 있다. 핫도그 가계의 재무제표 숫자들을 엑셀에 쏟아넣으면 핫도그 가계의 가치가 '뿅' 하고 나온다. 이것을 기업 가치 평가라고 한다. 기업 가치 평가가 중요한 것은 판매하려는 것의 가치를 제대로 알아야 하기 때문이다.

정확한 가치 추정에 대한 확신이 없을 때 금융기관은 매각 가능 가격을 보수적으로 써낼 수밖에 없고 그러면 거래를 따낼 수 없다. 따라서 금융기관들은 가장 먼저 밥 아저씨의 핫도그 가게의 정확한 가치를 알아내기 위해 노력한다. 이 과정에서 회계법인, 신용평가사, 감정평가 법인 같은 용병의 도움을 받는 것은 당연하다. 이들은 기업 가치 평가뿐 아니라 재무제표 상에 허위로 기재된 숫자까지 검증해 준다. 가장 중요하게는 나중에 기업 매각 잠재 수요자들에게 제공할 판매 팸플릿에 넣을 휘황찬란한 그래프들도 만들어 주곤 한다. 이들의 전문성과 더 중요하게는 서비스 정신이 왕성한 만큼 기업의 가치 측정 및 부수업무는 단계는 별로 어렵지 않다. 좀 더 어려운 것은 가격을 극대화할 상품 구성 방식 결정이다. 이것은 정육점 아저씨들이 돼지를 해체하는 과정과 유사하다.

어떤 꼴로 파는 게 제일 좋을까

앞서 우리가 돼지의 무게를 측정하는 데 성공했다면 지금부터는 돼지를 해체해서 판매하는 일이 남는다. 이것은 정육점에서 시장의 수요에 맞춰 각종 부위로 해체하는 과정과 비슷하다. 돼지를 최적의 비율로 해체하는 것은 복잡한 의사결정 과정이다. 돼지를 각 부위 별로 해체하는 것만으로는 돼지고기 값을 극대화할 수 없다. 경험이 많은 정육점 사장님들은 삼겹살과 안심살에 대한 시장의 수요를 예민하게 감지하고 주어진 상황에서 가장 높은 가격을 받을 수 있는 최적의 비율로 돼지를 해체한다.

예를 들어 삼겹살이 인기가 많은 시기에는 허용 가능한 범위 안에서 삼겹살에 좀 더 살을 붙여 삼겹살의 양을 늘리고 안심의 비중을 살짝 줄여놓는다. 반면 삼겹살의 인기가 떨어지고 안심이 인기가 높아지면 안심의 비중을 좀 더 높인다. 여기에 그치지 않고 삼겹살의 두께, 껍질과 털의 처리 방식, 칼집을 넣는 방식 등 다른 요소에 대한 세심한 배려가 필요하다. 이것은 고차원의 항정식이며, 이 공식을 제대로 이해하지 못하는 정육점 사장님은 얼마 지나지 않아 가게 문을 닫아야 할 것이다.

금융기관이 기업을 매각하는 것도 마찬가지다. 기업의 가치는 정해진 값이다. 대부분의 금융기관은 핫도그 가게에 대해 비슷한 수준에서 가치를 산정한다. 특히나 핫도그 가게처럼 단순한 비즈니스는 그 가치 산정이 더욱 정확하다. 그러므로 이것을 가급적 비싼 가격에 팔 수 있는 방법을 고민해야 한다. 금융기관들이 기업의 가격을 높이기 위해 사용하는 방법은 기업의 소유권을 주식과 채권이라는 형태로 나눈 다음 가급적 작은 조각으로 나누어서 판매하는 것이다.

우선 판매 단위를 잘게 설정하는 이유는 이것이 거래에 참여할 수 있는 수요자의 범위를 넓혀주기 때문이다. 더 많은 수요는 더 높은 가격으로 이어진다. 만약 삼겹살을 100kg 단위로만 판매하는 정육점이 있다면 그 가게는 금방 문을 닫을 것이다. 이에 대부분의 정육점은 돼지고기를 1g 단위로 판매한다. 기업의 소유권에도 같은 논리가 적용된다.

기업을 주식과 채권으로 분리하되 이를 시장에 수요에 적합한 비중으로 계획하는 작업이 필요하다. 그렇기에 대체로 기업의 소유권은 주식과 채권이라는 형태로 나뉜다. 종종 전환 사채나 생전 들도 보도 못한 증권들에 대한 이야기가 뉴스에 나온다. 이런 독특한 종목들을 금융기관의 업무 처리가 미숙해 억지로 값을 맞추기 위해 만들었거나 기업의 재무 상태가 시원치 않을 때 발생하는 이례적인 경우다.

용감한 자도 섬세한 자도 잡아라

금융기관들은 기업의 소유권을 채권과 주식으로 나누어서 판매한다. 그 이유는 금융시장이 두 개의 소비자 집단으로 이루어져 있기 때문이다. 금융시장은 안전한 자산과 수익성 높은 자산 중 선호하는 사람에 따라서 신중한 마을 사람들과 용감한 마을 사람들, 두 그룹으로 나눈다. 두 수요층 모두가 수익을 내려는 목적 자체는 동일하지만 수익을 내기 위해 감내할 위험의 정도는 다르다. 은행은 신중한 마을의 대표라고 할 수 있다. 은행은 단기로 자금을 조달하며 레버리지 비율도 매우 높기 때문에 전체 투자자산에서 조금의 손실이 발생하더라도 치명적인 타격을 입을 수 있다. 따라서 은행은 수익성이 낮더라도 안정성이 높은 금융자산을 선호한다. 주식형 펀드는 용감한 마을의 동장이라고 할 수 있다. 주식형 펀드는 수익률이 낮으면 자금이 다른 펀드로 언제든 이탈할 수 있다. 따라서 이들의 목적은 수익성을 최대한 높이는 것이며 위험성이 존재하더라도 신중한 마을 사람보다 더 과감하게 접근한다.

그러므로 금융기관들은 기업을 주식이라는 단일한 상품으로만 가공해 판매해서는 제값을 받을 수 없다. 신중한 마을 사람들은 이렇게 만들어진 주식이 너무 위험이 높다고 생각할 것이고, 용감한 마을 사람들은 너무 수익성이 낮다고 생각할 것이다. 하지만 주식과 채권, 두 종류로 기업의 소유권을 판매할 경우 두 마을에 사는 모든 사람의 입맛을 모두 충족시킬 수 있을뿐더러 그 중간에 위치한 수요자까지도 주식과 채권을 비율을 조절해 매입함으로써 자신의 입맛에 맞는 포지션을 구축할 수 있다.

투자 위험 선호도에 따른 수요자의 수는 넓게 분포하고 있고 이마저도 시시각각 변한다. 하지만 채권과 주식으로 기업의 소유권을 나누면 훨씬 많은 수요를 충족시킬 수 있다. 적합한 비중의 주식과 채권 분할은 모든 잠재 수요를 충족시킬 수 있는 방법이고 금융기관이 기업을 가급적 높은 가격에 판매할 수 있는 가장 기본적인 수단이다. 그러므로 금융기관들은 시장의 수요를 민감하게 예측하고 그들의 입맛을 돋우기 위해 노력하며 최고의 가격에 기업을 매각할 수 있는 전략을 수립한다.

한 가지 유념해야 할 사항은 지구에는 신중한 마을 사람들이 훨씬 많다는 것이다. 채권시장의 규모는 주식시장의 규모를 압도한다. 앞서 우리는 인간이 위험 회피적이라고 설명했다. 이는 어디서나 유효하다. 사람들의 여유 자금은 보수적으로 투자되고, 투자금은 보수적인 금융기관에 들어가 보수적으로 운용된다. 잠재 수요자의 대부분이 위험 회피적인 상황에서 금융기관은 가급적 채권의 비중을 높여놔야 전체적인 기업의 값을 높게 받는 데 유리할 것이다.

하지만 리스크의 총량이 고정되어 있는 상황에서 안전한 채권의 비중이 높아지면 남아 있는 주식의 위험도가 높아지고, 따라서 전체적인 가격은 오히려 하락할 수 있다. 이때 금융기관들은 한 가지 질문에 직면한다. 두 잠재 수요층의 욕구를 가장 잘 충족시키면서도 가장 높은 가격을 받을 수 있는 최적의 채권/주식 비중은 얼마인가? 금융기관들은 정육점 사장님이 삼겹살의 비율을 산정하는 것과 비슷한 과정을 거쳐야 한다. 이 결정을 제대로 내리지 못하는 투자은행은 빠르게 시장에서 퇴출당한다.

금융기관들은 이 모든 요소를 참작해서 자신들이 제시할 수 있는 최고의 값을 적어서 밥 아저씨에게 말해줄 것이다. 밥 아저씨는 그중 최고가를 적어낸 금융기관 몇 군데를 고른 뒤 몇 번 가격을 더 올리기 위해 공을 주고받다가 최종적으로 가장 높은 값을 부른 금융기관과 주관사 선정 계약을 하게 된다. 이것이 금융시장에서 주식과 채권이 만들어지는 대략의 과정이다.

의심 많은 사람의 투자

신중한 사람들의 채권

앞서 밥 아저씨의 핫도그 가게를 가장 높은 가격으로 판매하는 방법을 이야기했다. 기업은 주식과 채권이라는 형태로 가공된 다음 금융시장을 통해서만 거래가 가능하다. 그러나 이 과정은 생각보다 꽤나 번잡스러운 일이다. 금융기관은 이 업무를 대행하는 서비스를 제공한다. 지금 이 순간도 동네 도서관에는 공인중개사 시험을 준비하는 사람들이 즐비하다. 공인중개사가 되면 단 1억 원짜리 부동산 매매를 1건 중개하는 것만으로도 꽤 쏠쏠한 수수료 수입을 올릴 수 있기 때문이다.

기업 매각 대행도 마찬가지다. 기업은 수백억 원에서 수조 원에 달하는 가격을 가지고 있다. 이를 주식과 채권의 형태로 금융시장에 판매하는 것은 매우 수익성 높은 사업이다. IPO Initial Public Offering 라는 단어로 더 잘 알려진 이 '기업 매각 대행'은 상당히 경쟁이 치열하다. 수많은 조건이 존재하겠지만 IPO 거래 하나를 따오기 위해 금융기관이 불러야 하는 궁극의 대답은 하나다. '이만큼 비싼' 금액에 팔아주겠다는 것이다.

이런 최고가 입찰 방식을 통해 매각을 대행할 IPO 주관사가 선정되고 그들은 가급적 높은 가격에 매각하기 위해 주식과 채권이라는 가급적 작은 단위의 증권으로 분해한 다음 매각을 진행한다. 지금부터는 이 두 이질적인 증권의 속성을 설명하려 한다.

신중한 마을 사람들과 채권

'낯설게 보기'라는 단어가 있다. 우리에게 친숙한 어떤 사물이나 현상을 낯설게 보기 위해 노력하는 것만으로도 우리가 자각하지 못했던 삶의 놀라운 이면을 볼 수 있다는 것이다. 주식과 채권은 이미 너무나 잘 알 테니 굳이 책에서 설명을 할 필요가 없을 것 같다. 이미 시중에는 주식과 채권에 관한 책이 헤아릴 수 없을만큼 많이 존재하고 있다. 하지만 이 두 이질적인 증권을 조금 낯선 방향에서 바라보려고 한다. 우리가 너무 당연하게 생각하는 주식과 채권의 속성들이, 사실 사람들의 이성과 이해가 작용한 결과라는 것을 보여주기 위해서다.

앞서 밥 아저씨가 핫도그 가게를 판매하는 것에서 이야기를 계속 이어가 보자. 밥 아저씨는 최종적으로 가장 높은 가격을 부른 트랑쉐라는 남자와 기업 매각 대행 계약을 체결했다. 주식과 채권의 속성을 더 쉽게 이해하기 위해 밥 아저씨의 핫도그 가게 매각이 인류가 성공한 최초의 IPO라고 생각해 보자. 트랑쉐는 핫도그 가게를 매각하기 위해 가장 먼저 신중한 마을을 찾았다. 앞서 이야기했듯이 금융시장을 차지하는 대다수는 이 신중한 마을 사람들이다. 그렇기에 트랑쉐가 신중한 마을을 가장 먼저 방문한 것이다.

신중한 마을 사람들은 말 그대로 속 좁은 집단이다. 이 마을에는 대표를 맡고 있는 은행 말고도 위험 회피적인 사람들이 살고 있다. 트랑쉐가 핫도그 가게의 일부를 판매하고 싶다고 했을 때 신중한 마을 사람들이 먼저 보인 반응은 우려와 걱정이었다. 핫도그 가게가 지금 잘 나가고 장사가 잘되는 것은 알겠지만 앞으로 핫도그의 시대가 저물고 햄버거나 샌드위치의 시대가 오면 어떻게 하냐는 것이다. '샘 아저씨의 1+1 핫도그 가게' 같은 것이 시장을 장악할 수도 있다.

트랑쉐는 이들의 걱정을 불식시킬 필요가 있었다. 트랑쉐가 처음 내건 조건은 상환 선순위였다. 밥 아저씨의 핫도그 가게가 앞으로 영업이 악화될 수 있는 가능성은 분명 존재한다. 이 가능성을 아예 제거할 방법도 없다. 하지만 밥 아저씨의 핫도그 가게에는 핫도그 공장을 비롯하여 사무실, 각종 지적재산권 같은 것들이 존재한다. 핫도그 장사가 되지 않는다고 할지라도 이런 자산을 판매하면 투자 원금의 상당 부분을 회수할 수 있다. 신중한 마을 사람들은 수긍했지만 걱정을 내려놓지는 못했다.

한 신중한 남자가 이야기했다. "상환 선순위라는 장치가 위험의 상당 부분을 없앨 수 있다는 점은 납득합니다. 하지만 핫도그 장사가 안 될 때 자산을 계속 판매하면서 시간만 질질 끈다면 결국엔 아무것도 남지 않겠지요. 그러면 원금 상환은 물 건너갑니다. 이와 더불어 우리는 너무 바쁜 사람들입니다. 우리 돈이 투자된 이상 밥 아저씨의 핫도그 가게에 상주하면서 장사가 잘되는지 모니터링을 해야겠지만 우리는 그럴 여지도 없습니다."

상환 선순위라는 강력한 안전책에도 불안을 느끼는 신중한 마을 사람들을 위해 트랑쉐는 이어서 두 번째, 세 번째 조건을 걸었다. 두 번째 조건은 만기 설정이다. 기업은 영원히 존재할 것으로 예상되지만, 이 채권에 만기를 설정함으로써 신중한 마을 사람들은 훨씬 안전한 투자를 할 수 있게 된다는 계산이다. 기업의 영업 주기과 상관없이 만기가 왔을 때 신중한 마을 사람들은 다시 밥 아저씨의 핫도그 가게를 살펴보고 뭔가 이상하다는 생각이 들면 원금을 회수해 떠나면 된다. 만기의 주기가 상대적으로 짧은 만큼 핫도그 가게

부자들은 모두 은행에서 출발한다

가 장사가 잘되지 않는다고 할지라도 원금을 회수할 수 있는 가능성은 높아진다. 물론 만기 시점에 금리는 해당 시점의 영업 현황과 시장 상황에 따라 결정되므로 더 높아지거나 낮아질 수 있다.

세 번째 조건은 이자 지급 조건이다. 트랑쉐는 핫도그 가게가 돈을 벌던 벌지 못하던 주기적으로 이자를 지급할 것을 약속했다. 이로서 신중한 마을 사람들은 매일 핫도그 가게 앞에 앉아서 장사가 잘되는지, 돈을 빼돌리는 일은 없는지 점검을 할 필요가 없어졌다. 짧은 단위의 이자 지급주기를 설정하고 이자가 제때 들어오는 것을 확인하는 것만으로도 장사가 잘되는지 대략 파악할 수 있다. 게다가 이자를 지급해야 하는 의무가 있는 기업은 쉽게 현금을 유용하지 못한다. 그리고 만약 이자가 제때 들어오지 않는다면 신중한 마을 사람들은 즉각적인 방식으로 원금을 회수할 수 있었다. 신중한 마을 사람들은 이소룡이 쌍절곤을 휘두르는 것만큼 능수능란하게 가압류, 압류, 경매, 채권자 취소권 같은 원금 회수 장치를 사용할 수 있기 때문이다.

싱겁더라도 안정적인 맛

트랑쉐와 신중한 마을 사람들의 협상으로 인해 선순위 청구권, 만기의 존재, 이자 지급의 의무는 채권의 기본적인 속성이 되었다. 흔히 채권의 이런 속성이 너무나 당연하다고 생각하지만 이는 일반적인 것이 아니다. 실제로 만기가 존재하지 않는 채권, 이자 지급의 의무가 없는 채권이 존재하며 상당한 인기를 누린다. 하지만 이들은 대개 기업이 발행한 채권이 아니다. 이런 채권들은 오로지 파산 위험이 없는 정부에 의해서만 발행 가능하다. 신중한 마을 사람들은 정부가 발행한 무위험 채권에 굶주린 비둘기처럼 달려든다.

이자 지급의 의무와 만기의 존재는 자연스러운 것이 아니다. 1년 단위로 밀을 수확하는 농부에게 3개월 만기로 돈을 빌려주고 매월 이자를 받는다고 생각을 해보자. 이렇게 영업 주기와 재무 주기를 불일치하는 것은 농부뿐만 아니라 그 농부에게 돈을 빌려준 영주에게도 비극이다. 농부가 결국 밭을 갈아엎은 다음 가진 모든 재산을 챙긴 다음 도망가 버릴 수 있기 때문이다. 기업도 마찬가지다.

기업은 영속을 가정하고 운영된다. 수익 창출 주기가 1년 혹은 15년이 될 수도 있다. 그런데 1년 단위의 만기와 한 달 또는 분기 단위의 이자 지급 의무를 두는 것은 기업 자체의 성장 가능성과 안정성을 파괴한다. 아주 좋은 기업도 일시적인 재무 악화 시점에 만기라는 치명타를 입고 소멸할 수 있다. 이자 지급도 마찬가지다. 이 두 조건은 지나치게 관습화된 나머지 직관에 어긋난다는 인식조차 차단해 버린다.

기업이 위태로울 때 신중한 마을 사람들은 자신들의 투자원금을 챙겨 뒤도 안 돌아보고 떠난다. 남아 있는 기업은 이들의 관심 밖이다. 이들은 완전한 타인이다. 이런 이유로 채권 투자자들이 투자한 자금을 '타인자본'이라고 부르기도 한다. 이는 주식에 투자하는 사람들의 이익과 정면으로 배치되며 신중한 마을 사람들 자신들에게도 별도의 리스크를 부담하게 한다. 재투자 위험이다.

이자의 수취, 만기의 존재는 그 자체로 번잡스러운 일인 데다가 재투자 위험이라는 새로운 위험을 탄생시킨다. 이자나 원금을 받았는데 시중 금리가 내려가서 동일한 수준으로 투자할 수 없는 일은 비일비재하게 일어난다. 신중한 마을 사람들 대다수가 다른 사람에게 빌린 돈으로 자금을 조달하는 은행이라고 생각해 보면, 만기 또는 이자의 존재를 고려해 과거에 높은 금리로 빌렸다가 나중에 낮은 금리로 빌려줘야 하는 현상이 얼마든지 일어날 수 있다. 하지만 신중한 마을 사람들은 원금 손실 가능성 최우선이라는 대전제 앞에서 이 정도의 번잡성과 재투자 위험은 별말 없이 수용한다.

상환 선순위 조건

만기의 존재

이자 지급의 의무

위의 조건들을 충족하는 것이 채권이다. 이 조건들이 모두 신중한 마을 사람들에게 받아들여졌을 때 밥 아저씨의 핫도그 가게의 상당 부분은 채권의 형태로 신중한 마을 사람들에게 판매될 수 있다. 자산으로서의 채권은 구조상 주식보다 훨씬 안전하다. 트랑쉐는 핫도그 가게의 가장 안전한 부분들을 채권의 형태로 만들었다. 그리고 남은 부분이 있다. 이는 찌꺼기가 아니다. 이 부분이 바로 투자의 꽃, 핫도그로 치면 소시지라고 할 수 있다. 트랑쉐는 소시지를 팔기 위해 용감한 마을로 향했다.

돼지 등뼈를 갖고 싶습니다
용감한 사람들의 주식

이 마을에 살고 있는 가장 유명한 사람은 아마도 주식형 펀드 매니저일 것이다. 대다수의 펀드 매니저는 수익률을 올리기 위해 혈안이 되어 있는데, 이는 수익률이 낮으면 펀드에 자금이 유입되지 않기 때문이다. 펀드에 돈이 들어오지 않으면 매니저는 그 성과급을 받을 수 없거나 더 나쁘게는 회사에서 쫓겨날 수 있다. 이에 이들은 가급적 수익률이 높은 자산에 투자하고 싶어 했고 이를 위해서라면 더 많은 위험을 감당할 용의가 얼마든지 존재했다. 연기금, 헤지펀드, 기업의 전략적 투자자들, 겁 없는 개인투자자들도 모두가 이 마을에 옹기종기 모여 살고 있었다.

이들은 용감했지만 북방의 야만인처럼 멍청하지는 않았다. 당연했다. 용감한 동시에 멍청한 사람들은 이미 오래전에 전멸했기 때문이다. 용감한 마을의 똑똑한 사람들은 자신의 이익을 지키기 위해 필수적으로 필요로 하는 몇 가지 장치를 요청했다.

최소한의 무기를 주십시오 : 경영 참여와 지분율

첫 번째는 경영 참여권이다. 채권에 투자하는 사람들은 어차피 선순위 상환과 만기, 이자 지급이라는 보호 장치가 있으므로 아무리 멍청한 사람이 CEO가 되어 헛짓을 하더라도 영향이 제한적이다. 하지만 용감한 마을 사람들은 그렇지 않다.

경영진의 헛발로 매출이 급감한다고 생각해 보자. 이때 채권 투자자가 이자/원금을 깎아주거나, 임직원이 월급을 반납하거나, 건물주가 월세를 깎아주거나, 납품업체가 납품가를 깎아주는 일은 절대 발생하지 않는다. 그렇다면 결국 그 손해를 감당하는 것은 맨 마지막에 남은 용감한 마을 사람들이 된다. 그러므로 그들은 언제든 경영진이 헛짓을 한다는 생각이 들 때마다 경영진을 바꿔치울 권리, 즉 경영 참여권이 있어야 한다고 주장했다. 합당한 말이다. 투자한 사람들이 분기마다 모여 경영진의 성과와 전략을 검토하고 필요할 때 이들을 갈아치울 장치를 만들어 달라고 했다. 여기에는 신중한 마을 사람들도 당연히 동의한다. 멍청한 경영진이 핫도그 가게를 운영하는 건 그들도 달갑지 않기 때문이다. 트랑쉐는 당연히 그렇게 했다.

두 번째는 지분율의 보호다. 핫도그 가게가 돈을 많이 벌면 경영진은 언제든 채권 투자자들에게 채권 원리금을 조기 상환할 수 있다. 조기 상환 수수료라는 것이 발생할 수 있겠지만 채권 투자자들은 상환을 거부할 수 없다. 그런데 용감한 마을 사람들은 자신들이 투자한 돈이 아무 때나 상환되는 상황을 마뜩잖게 생각했다.

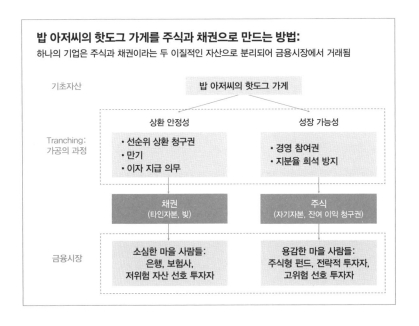

밥 아저씨의 핫도그 가게를 주식과 채권으로 만드는 방법:
하나의 기업은 주식과 채권이라는 두 이질적인 자산으로 분리되어 금융시장에서 거래됨

기초자산	**밥 아저씨의 핫도그 가게**	
	상환 안정성	성장 가능성
Tranching: 가공의 과정	• 선순위 상환 청구권 • 만기 • 이자 지급 의무	• 경영 참여권 • 지분율 희석 방지
	채권 (타인자본, 빚)	주식 (자기자본, 잔여 이익 청구권)
금융시장	소심한 마을 사람들: 은행, 보험사, 저위험 자산 선호 투자자	용감한 마을 사람들: 주식형 펀드, 전략적 투자자, 고위험 선호 투자자

용감한 마을 사람들이 지분율의 보호를 요구한 것은 당연하다. 신중한 마을 사람들, 즉 채권 투자자들이 핫도그 가게에서 상환 가능성이라는 안정적 요인을 거의 모두 가지고 가버린 이상 남은 것은 오로지 성장 가능성 정도다. 하지만 '성장 가능성'이라는 말처럼 추상적이고 모호한 것도 없다. 이는 현재 획득할 수 있는 것이 아니며 눈에 보이지도 않는다. 그리고 미래 시점에 성장 가능성이 성장이란 결실로 현실화됐을 때 이것을 현금으로 바꿀 수 있는 것은 미래 시점의 지분율뿐이다. 따라서 용감한 마을 사람들은 지분율의 희석에 격렬한 반응을 보이는 것이다.

만약 핫도그 가게의 경영진들이 웃돈을 주면서까지 용감한 마을 사람들이 가진 지분을 되사오려고 한다고 생각해 보자. 이것이 의미하는 것은 단 한 가지다. 그들의 지분이 가진 성장 가능성의 가치가 경영진이 되 사오려는 가격보다 높다는 것이다. 그렇지 않다면 경영진이 이것을 갖고 싶어 할 이유가 없다. 투자자에 불과한 용감한 마을 사람들이 경영 전반에 관여하는 핫도그 가게 경영진보다 자기 지분의 성장 가능성을 더 자세히 알기란 불가능하다. 정보 불균형이 발생하는 것이다. 용감한 사람들은 멍청하지 않다. 경영진은 억만금을 주어도 지분을 가진 사람들이 동의하지 않으면 단 0.0001%의 지분도 임의로 상환할 수 없다. 주식에는 아예 상환이라는 단어 자체가 존재하지 않는다.

페이스북 최초 투자자의 비극

〈소셜 네트워크〉라는 영화의 한 장면은 상환이 불가능한 주식의 속성을 잘 보여준다. 페이스북을 창조한 것은 마크 저커버그지만 최초에 필요한 자금을 투자한 것은 저커버그의 친구 새버린이었다. 페이스북이 어마어마한 성공을 거두고 새버린이 경영에 방해만 되자 저커버그는 친구를 속인 다음 지분을 빼앗아서 상장시켜 버린다. 그리고 한 임원은 분노에 차 쫓아온 새버린에게 그가 처음에 투자했던 돈의 원금을 집어던지며 가져가라고 한다.

주식 투자금에 대해 상환을 시도한 경우다. 하지만 일반적으로 상환을 통해 다른 주주의 지분을 희석시키는 것은 불가능하다. 영화에서 가능했던 이유는 새버린이 속아서 자신의 지분이 희석되는 것에 동의하는 서류에 서명했기 때문이다.

그가 서류에 서명하지 않았다면 저커버그는 죽었다 깨어나도 친구의 지분율을 0.0001%도 빼앗을 수 없었을 것이다. 그렇다면 아마도 페이스북은 지금까지 비상장회사로 남아 있었을지도 모른다.

용감한 마을 사람들은 상환 불가라는 조건에서 한 걸음 더 나아갔다. 핫도그 가게가 사업 확장이나 혹은 경영 악화로 인해 추가 자금이 필요하다고 생각해 보자. 이들은 회사 지분을 좀 더 발행하는 방법(이것을 유상증자라고 한다)을 사용해서 자금을 더 유치할 수 있다. 하지만 이 경우 추가로 나눠지는 지분들로 인해 기존 투자자들의 지분율이 희석되는 경우가 발생할 수 있다. 용감한 마을 사람들은 이것조차 마음에 들지 않았다. 그러므로 핫도그 가게의 경영진들은 유상증자를 할 때 지분율을 희석시키지 않는 범위 내에서 기존 투자자들에게 먼저 참여 기회를 부여해야 한다. 기존 투자자에게 팔고 남은 것만 다른 사람들에게 판매할 수 있다.

여기서 짚고 넘어갈 것은 용감한 마을 사람들 또한 핫도그 가게에 대해 투자 원금을 상환 요청할 수 없다는 점이다. 주식의 상환을 위해서는 각종 변제를 완료하고, 종업원들을 모두 해고하며, 각종 자산을 모두 팔아치우는 '청산' 과정을 거쳐야만 가능하다. 근데 이 과정이 험난하기 짝이 없다.

먼저 종업원 해고에 대해 노조가 동의할 리 만무하고, 청산으로 각종 자산을 팔아치우면 제값을 받기도 쉽지 않다. 게다가 그렇게 하고 남은 돈 대부분은 선순위 상환 청구권을 가진 채권 투자자들이 홀랑 가져가 버린다.

이 과정이 모두 완료된 이후 용감한 마을 사람들이 가져갈 수 있는 투자 원금은 거의 남아 있지 않는 경우가 대부분이다. 이로 인해 그들이 가진 지분은 거래가 될지언정 상환되지는 않는다. 채권 투자자의 돈은 타인자본이라고 부르지만 주식 투자자의 돈을 자기 자본이라고 부르는 이유가 여기에 있다.

부자들은 모두 은행에서 출발한다

안전성을 발라내고 기대이익을 붙이고

어떤 비즈니스건 안전한 부분은 존재한다. 트랑쉐는 핫도그 가게의 내부에 존재하는 안전한 부분들을 조심스럽게 발라내었고 신중한 마을 사람들의 입맛에 맞게 몇 가지 옵션을 붙여 채권으로 가공했다. 그 채권을 신중한 마을 사람들에게 판매했다. 이것은 생각처럼 간단한 일이 아니다. 기업 매각은 동물적인 감각이 필요한 일종의 복합 금융 예술이다. 트랑쉐는 변덕스러운 자본시장의 입맛에 맞는 딱 그만큼의 기대이익과 리스크를 조합한 채권을 만들어 팔아야 했다.

수요와 상품이 맞아떨어질 때 채권은 신중한 마을 사람들에게 날개 돋친 듯 팔려 나간다. 앞서 사람들 대다수는 위험 회피적이라고 이야기했다. 채권은 리스크가 적기 때문에 상대적으로 수요가 많다. 수요가 많다는 것은 낮은 기대이익을 더 높은 가격에 팔 수 있다는 것이다. 채권 투자자들은 그만큼 더 낮은 수익률을 감수한다. 이것이 금융시장이 작동하는 방식이다.

하지만 채권을 만들어 내고 남은 부분에는 그만큼 더 많은 리스크 있을 수밖에 없다. 리스크가 많은 자산은 인기가 없다. 하지만 해법은 존재한다. 정육업자는 돼지를 잡을 때 뼈가 많아 인기가 없는 부위에는 살코기를 일부러 많이 붙여서 염가에 판매하고 이를 통해서 재고 문제를 해결한다. 돼지 등뼈가 동일한 가격에 가장 많은 살코기를 먹을 수 있는 부윗살인 것은 바로 이 때문이다. 트랑쉐가 주식을 판매하기 위해 사용한 방법도 동일하다.

리스크가 있는 부위에는 기대이익을 넉넉히 붙여서 판매하면 된다. 트랑쉐는 가장 위험한 부위에 기대이익을 넉넉하게 붙인 다음 작게 썰어서 염가로 판매한다. 이를 위해서는 채권에 붙는 기대이익을 가급적 최소화하면서도 시장에서 무리 없이 소화되도록 치밀한 작업이 필요했다(한 기업의 기대이익은 대개 고정된 값이다).

트랑쉐는 대체로 이 일을 잘하는 편이었고 이번에도 마찬가지였다. 위험한 부위에 기대이익을 많이 붙이기 위해 트랑쉐는 채권에 기대이익이 너무 많이 가지 않도록 사전에 많은 노력을 기울였다. 그만큼의 기대이익이 주식 투자자에게 간다. 사람들은 대체로 위험을 좋아하지 않지만 밥 아저씨 핫도그 가게의 넉넉한 기대 이익률로 인해 트랑쉐는 주식을 모두 판매하는 데 성공했다.

이로서 트랑쉐는 밥 아저씨의 핫도그 가게를 최초 제안한 판매 가격에 주식과 채권, 두 부위로 나누어 깔끔하게 완판시키는 데 성공한 것이다. 트랑쉐는 바람처럼 달려 밥 아저씨에게 갔고 자기 몫의 수수료를 받아갔다.

트랑쉐라는 이름의 남자

트랑쉐의 이름의 유래에 대해 이야기하려고 한다. 하나의 기업을 몇 가지의 이질적인 권리로 분할하는 것을 영어로 트렌칭Tranching이라고 한다. 이렇게 분할된 각각의 권리는 트렌치Tranche라고 불린다. 즉 주식과 채권은 각각의 트렌치인 것이다. 트렌치란 단어는 프랑스어 트랑쉐tranche라는 단어에서 유래했다. 이 단어는 거대한 향유고래부터 돼지까지 커다란 짐승을 다양한 부위로 나누는 것에서 햄이나 치즈처럼 작은 식품을 칼로 슬라이스하는 것까지를 포괄한다. 기업을 주식과 채권의 형태로 나누는 것은 기본적으로 돼지를 분해하는 것과 다르지 않다. 다만 통상적인 기업의 규모가 향유고래 따위는 비교가 되지 않을 정도로 거대하며, 짐승을 잘라내기 위해 사용하는 톱과 칼 대신 법무법인과 그 소속 변호사, 법무사가 사용된다는 점 정도가 다를 뿐이다.

트렌칭이 가능한 자산은 기업에 국한되지 않는다. 현금흐름을 동반하는 모든 자산은 트렌칭이 가능하다. 부동산, 그림, 조각, 인공위성, 비행기 등 사실상 가격이 있는 모든 자산에 대해 주식과 채권, 필요하다면 다른 자산까지 만들어 낼 수 있다. 각각의 부위는 아마 트렌치 1, 트렌치 2라는 이름으로 불릴 것이다. 이들 또한 마찬가지로 금융시장을 통해 거래된다.

채권 투자자들은 선순위 상환 청구권이라는 장치를 통해서 상환 안정성을 가져갔다. 주식투자자들은 지분율 보호와 경영권 참여 장치를 통해서 최소한의 안전장치와 향후 예상되는 성장에서 발생할 수익이 희석되지 않게 하는 장치를 마련했다. 트랑쉐는 요령 좋게 칼을 휘둘러 밥 아저씨의 핫도그 가게를 채권과 주식이라는 두 이질적인 자산으로 가공해 금융시장에서 판매할 수 있었다.

세상에는 수없이 많은 기업과 그것을 기초로 삼아 발행되는 주식 채권이 존재한다. 이들이 거래되는 금융시장이 효율적으로 작동하도록 인류는 오랜 시간 다양한 규제와 외부 회계 감사, 중앙거래 시스템 등을 지속적으로 발전시켜 왔다. 그 결과 우리는 중국과 미국, 한국에서 사실상 동일한 방식으로 작동하는 주식시장과 채권시장을 가지게 되었다. 무수히 많은 시장 참가자와 다양한 시장 보완 장치로 말미암아 주식시장과 채권시장은 상당히 효율적으로 작동한다.

몽테크리스토 백작의 닭고기 투자
뒤틀리는 시장 속 꼿꼿한 매니저

먼 옛날 몽테크리스토 백작이 살았다. 이 남자는 역사상 가장 유명한 복수극에 성공한 사람이지만 동시에 뛰어난 닭고기 투자자이기도 했다. 예를 들어 몽테크리스토 백작은 닭을 한 마리 사서 요리한 다음에 그를 배반했던 친구 당글라르에게 10만 프랑이란 엄청난 가격에 판매하는 데 성공한다.

몽테크리스토 백작이 뛰어난 닭고기 투자에 성공한 것은 그가 상상도 할 수 없을 만큼 뛰어난 닭고기 요리를 만들거나, 닭고기 시장에 대한 초인적인 감각이 있어서가 아니다. 그가 닭고기를 통해서 수익을 얻을 수 있었던 것은 그가 배신자 당글라르를 감옥에 가 둬둔 채 오랫동안 음식을 제공하지 않았으며, 당글라르가 상당한 재산가였기 때문이다. 감옥에서 굶어 죽어가던 당글라르는 닭고기를 사 먹기 위해 자신의 전 재산을 몽테크리스토 백작에게 바쳐야 했다.

몽테크리스토 백작의 이야기는 좋은 투자에 대한 가장 완벽한 사례다. 좋은 투자란 그것이 좋은 투자일 수밖에 없는 당연한 이유가 존재하며 대체로 그것이 복잡하거나 추상적이지도 않다. 좋은 투자란 통찰, 혜안, 노력, 원칙 또는 이와 유사하게 AI, 전문가 집단, 글로벌, 신흥국 같은 개념들과는 직접적인 관계가 없다. 오히려 그 반대다. 이런 단어는 오히려 위험하다. 이는 좋은 투자를 구성하는 실체가 존재하지 않을 때 PPT나 상품설명서를 꾸며내기 위해 사용하는 단어들이기 때문이다.

손실을 견디는 견고한 구조

내가 데이비드 스웬슨을 처음 본 것은 예일대학교 온라인 강의를 통해서였다. 2008년 미국 서브프라임 사태를 유발한 핵심 장치인 CDS을 개발한 것이 이제는 그다지 자랑스럽지 않다고 웃으면서 이야기하는 모습이 상당히 청렴하게 다가왔다. 이 강의에서 그는

부자들은 모두 은행에서 출발한다

자신이 투자하는 포트폴리오에는 부동산이나 대체투자 비중이 높기 때문에 일반적으로 쓰이는 위험지표를 사용할 수 없다고 이야기를 시작했다. 데이비드 스웬슨은 피터 린치나 워런 버핏처럼 유명하지는 않지만 나는 그가 그들 못지않게 최고의 투자자이며 이론가라고 생각한다.

예일대학교 최고 투자 책임자인 그는 1985년부터 예일대학교 기금을 맡아 운용하고 있다. 미국에서 대학교 기금 규모는 조 단위를 가뿐하게 넘어서는 경우가 많으며 그 운용 또한 전문적인 부서가 전담해서 수행한다. 예를 들어 예일대학교의 기금 규모는 2017년 기준 30조 원인데, 예일대학교는 이 돈을 그냥 통장에 넣어두지 않는다. '예일 모델'이라는 투자모델이 존재할 정도로 적극적으로 투자에 임하며 여기에서 발생하는 수익을 통해 연구비를 지원하거나 학생들에게 장학금을 지원한다.

예일대학교의 수익률은 압도적이다. 과거 20년간 예일대학교 기금은 연평균 수익률 12.1%를 기록하였다(2017년 기준). 이는 다른 대학교들의 기금 수익률을 모두 웃도는 뛰어난 성적이며 동시에 동기간 발생한 주식시장 수익률 7.5%, 채권시장 수익률 5.9%와 비교해보아도 뛰어난 수익률이다. 수익률 또한 일관적인 모습을 보인다. 이는 예일대학교의 포트폴리오가 손실에도 끄떡없는 견고한 구조를 가지고 있다는 의미다.

예일대학기금 주요 성과 요약

구분	2013	2014	2015	2016	2017
시장가치(백만달러)	20,780	23,894	25,572	25,408	27,176
시장가치(조원)	22.9	26.3	28.1	27.9	29.9
수익률	12.50%	20.20%	11.50%	3.40%	11.30%

예일대학 기금 자산배분

자산배분	2013	2014	2015	2016	2017
절대수익	17.8%	17.4%	20.5%	22.1%	25.1%
국내주식	5.9%	3.9%	3.9%	4.0%	3.9%
채권	4.9%	4.9%	4.9%	4.9%	4.9%
해외주식	9.8%	11.5%	14.7%	14.9%	15.2%
LBO (Leveraged Buyouts)	21.9%	19.3%	16.2%	14.7%	14.2%
천연자원	7.9%	8.2%	6.7%	7.9%	7.8%
부동산	20.2%	17.6%	14.0%	13.0%	10.9%
벤처캐피털	10.0%	13.7%	16.3%	16.2%	17.1%
현금	1.6%	3.5%	2.8%	2.3%	1.2%
합계	100.0%	100.0%	100.0%	100.0%	100.0%

표시된 부분은 대체투자 자산군

출처: http://investments.yale.edu/endowment

　　스웬슨이 좋은 투자 수익률을 지속적으로 올릴 수 있었던 데에
는 몇 가지 요인이 있다. 우선 그가 운용하던 자금이 대학교 기금이
라는 사실이다. 예일대학교는 1701년 설립되었고 아마 앞으로 몇

백 년은 물론이고 몇천 년 동안 존속할 수 있을지도 모른다. 이는 예일대학교의 투자 기간이 거의 무한하다는 것을 의미한다. 이와 동시에 예일대학교는 전 세계적으로도 손꼽히는 명문이며, 학생들의 등록금은 물론 동문들의 기부금의 유입이 끊이지 않는다. 즉 예일대학교가 가진 30조 원이라는 돈 상당 부분이 잉여현금이라고 볼 수 있다. 무한한 투자 기간과 막대한 잉여현금흐름이 만나 예일대학교 기금은 화강암만큼 단단한 위험 내구도를 갖게 된다. 스웬슨은 이러한 강점을 효율적으로 사용했다. 스웬슨은 위험자산, 그중에서도 주식과 채권이 아닌 대체투자Alternative Investment 자산에 투자한다. 표를 보면 기금의 포트폴리오 상당 부분이 대체투자에 투자된 것을 볼 수 있다. 채권과 현금의 비중은 6~7% 수준을 넘어서지 않는다.

두 번째 요인은 스웬슨이 대체투자를 상당히 잘 사용했다는 것이다. 그는 자신의 책《포트폴리오 성공 운용》에서 이렇게 이야기한다. "분별 있는 적극적 매니저는 덜 효율적으로 가격이 형성되는 시장을 선호하고 효율적으로 가격이 형성되는 시장을 피한다." 쉽게 말해 주부 9단은 마트보다 재래시장을 더 선호한다는 뜻이다. 마트는 효율적으로 가격이 결정되는 시장이다. 반면 재래시장은 덜 효율적이다. 주부 9단은 재래시장에서 상품의 질을 잘 파악할 수 있고, 흥정을 통한 에누리 능력이 뛰어나며, 시장이 문을 닫는 시간이나 상인과의 친분 등을 이용해서 마트보다 훨씬 뛰어난 가성비의 쇼핑을 할 수 있다. 반면 마트에서는 주부 9단이 아무리 날고뛰는 재주가 있어도 캐셔에게 물건 값을 깎을 가능성은 존재하지 않고, 나처럼 어리숙한 30대 남성보다 압도적인 쇼핑 성과를 이룰 가능성도 희박하다.

예일대학교 기금 또한 아무리 날고뛰는 재주가 있어도 효율적으로 작동하는 시장에서는 높은 추가적인 수익을 낼 수 없다. 앞서 이야기했듯이 주식시장과 채권시장은 그 자체의 원리를 통해 작동한다. 효율적으로 작용하는 시장을 구분하기 위해 스웬슨이 사용한 척도는 적극적 매니저들의 수익률 분포다. 상위 25%의 투자자들과 하위 25%의 투자자의 성과를 비교해 보는 것이다. 이 차이가 적을

자산군별 적극적 매니저들의 수익률 분포
(1995~2005년 6월 20일까지 10년간 4분위 수익률)

자산군	상위 25%	중앙값	하위 25%	범위
미국채권	7.4%	7.1%	6.9%	0.5%
미국주식	12.1%	11.2%	10.2%	1.9%
국제주식	10.5%	9.0%	6.5%	4.0%
미국 소형주	16.1%	14.0%	11.3%	4.8%
절대수익	15.6%	12.5%	8.5%	7.1%
부동산	17.6%	12.0%	8.4%	9.2%
LBO	13.3%	8.0%	-0.4%	13.7%
벤처캐피털	28.7%	-1.4%	-14.5%	43.2%

출처 : 데이비드 스웬슨, 《포트폴리오 성공 운용》

부자들은 모두 은행에서 출발한다

수록 시장은 효율적으로 작동한다고 생각할 수 있다.

반면 이 성과의 차이가 크다는 것은 그만큼 그 시장이 불완전하게 작동한다는 의미다. 내게 어떤 형태로라도 힘이 있다면 시장은 불완전할수록 좋다. 예일대학교 기금은 압도적인 위험 내구도와 뛰어난 전문가들이라는 힘이 있었다. 그래서 스웬슨은 이 수익률의 차이가 기회의 영역을 가르쳐 준다고 말한 것이다. 오래된 자료이기는 하지만 표를 보면 가장 큰 기회의 영역이 어디인지 느낌을 얻을 수 있을 것이다.

상위 매니저와 하위 매니저의 차이가 클수록 시장은 덜 효율적이라고 생각할 수 있다. 아울러 시장이 덜 효율적일수록 좋은 매니저를 고르는 일이 더 중요하다. 그리고 이렇게 덜 효율적인 시장에서 좋은 매니저를 골라내는 것이 효율적인 시장에서 좋은 매니저를 고르는 것보다 훨씬 더 쉽다. 이마트에서 쇼핑을 하는 수많은 사람들의 카트를 관찰함으로써 가장 뛰어난 쇼핑 전문가를 뽑아야 한다고 생각해 보자. 이 방법을 통해 가장 뛰어난 쇼핑 전문가를 찾는 것은 결코 쉽지 않다. 쇼핑 성과가 비슷하기 때문이다.

반면 재래시장은 훨씬 쉽다. 주부 9단이 상인과 흥정하는 모습, 상품의 질을 꼼꼼히 따져보는 모습, 누가 봐도 반창회 3~4개와 부녀회를 들었다 났다 할 것 같은 카리스마, 장바구니를 버라이어티하게 채운 다양한 재료와 경이로운 가격들. 아마 10분도 지나지 않아 아마추어와 고수를 가르는 나름의 안목을 만들어 낼 수 있을 것이다. 덜 효율적인 시장에서 오히려 뛰어난 투자자를 찾기 쉽다. 데이비드 스웬슨은 자신의 책에서 이렇게 이야기한다.

> 역설적으로 덜 효율적으로 가격이 결정되는 사모시장에서 뛰어난 매니저를 식별해내는 것이 효율적으로 가격이 결정되는 시장에서 능력 있는 매니저를 식별하는 것보다 덜 어렵다.
>
> _데이비드 스웬슨, 《포트폴리오 성공 운용》 중에서

예일대학교가 좋은 투자 수익률을 올린 마지막 이유는 뛰어난 매니저를 선발하고 그에게 적절한 시점(통상적으로 손실이 발생한 시점)에 자금을 추가로 투입하는 능력을 가지고 있었기 때문이다. 30조 원쯤 되면 직접 투자기회를 발굴하는 것은 불가능하다. 뛰어난 투자자를 찾아 투자를 위탁해야 한다. 그리고 이 투자 위탁이라는 행위는 팀 플레이와 비슷하다. 좋은 팀원을 찾는 것만큼이나 팀워크를 구사하는 것이 중요하다.

투자를 하다 보면 손실이 발생한다. 일반적으로 손실이 발생했을 때 투자자들이 하는 행태는 단위가 얼마든 한 가지로 고정된다. 잠깐 버티는 척하면서 손실이 회복되기를 기다리다가 더 견디지 못하게 되면 결국 모든 매물을 던지고 빠져나가는 것이다. 그런데 이런 상황은 대다수의 펀드 매니저에게 치명적인 타격을 준다. 아무리 유동성이 좋다고 하더라도 손실이 난 매물을 시장에 다시 내놓는

것은 시장 충격이라는 부차적인 손실을 유발한다. 심지어 대체투자는 유동성 따윈 거의 존재하지 않는다는 공통점이 있다.

전투에서 소대장이 이번이 타이밍이라고 생각하고 적진 아주 깊숙이 들어갔는데, 상황이 좀 험한 것 같다고 뒤에 있던 소대원들이 깡그리 도망을 간다고 생각해 보자. 소대장은 홀로 적진에 남아 장렬히 전사한다. 매니저도 마찬가지다. 한참 투자를 하고 있는데 응당 발생할 수 있는 손실이 발생했다는 이유로 자금을 모두 빼가는 것은 매니저에게 치명적인 손상을 줄 수 있다. 이런 경우가 있어서 매니저들은 아무리 공격적이라고 하더라도 도망갈 구멍을 한두 개 정도는 남겨두게 된다. 이는 펀드 매니저의 입장에서는 완전히 합리적인 생각이다. 그리고 당연하게도 이는 펀드의 투자성과를 악화시키는 주요 원인이 된다.

모든 펀드는 좋은 펀드가 될 수 있다

예일대학교가 투자하는 방법을 보면 좋은 펀드는 존재하는 것이 아니라 만들어지는 것이라는 생각이 든다. 나의 펀드 매니저가 정말로 뛰어난 재능을 가지고 있다면, 내가 그것을 알아보았다면 끝까지 함께 가야 한다. 나는 펀드 매니저의 판단이 100%는 아니더라도 옳다는 것을 알고, 어떤 상황에서도 그를 버리지 않는다. 아플

때 약을 주듯 손해를 본 상황에서 리밸런싱을 통해 자금을 더 넣어주고. 펀드 매니저는 심장 가득히 감동을 느끼며 그렇게 둘 사이의 믿음과 우정은 산왕의 망치만큼이나 단단해지는 것이다. 이때 시장에서 이들이 갖는 힘은 상상을 초월하게 된다. 시장을 박살내서 아작아작 씹어 먹는 거다. 이때 효율적 시장가설이란 단어는 공상가들의 한가로운 헛소리에 불과하다. 세상에는 예일대학교 기금보다 훨씬 규모가 큰 연기금이 수두룩하게 존재한다. 그래도 가장 뛰어난 대체투자 시장 전문가가 가장 먼저 예일대학교의 문을 두드리는 것은 이런 이유 때문이다.

예일대학교의 자산배분과 리밸런싱은 이를 체계적으로 작동시킨다. 예일대학교가 시장을 가볍게 초과하는 수익을 장기간에 걸쳐 지속적으로 만들어 낸 것에는 구조적인 원인이 있다. 놓은 위험 내구도, 비효율적 시장에 대한 높은 투자비중, 매니저와의 유기적인 관계 같은 것이다. 이런 원인들은 몽테크리스토 백작의 닭고기 투자 성공 사례처럼 이해하기 어렵지 않으며 추상적이지도 않다. 뛰어난 수익률에는 그것을 설명하는 견고한 원인이 있다. 하지만 이런 요인들을 이해하는 것과 따라서 실행하는 것은 별개의 문제다. 이를 이해할 수 있지만 실행하는 것은 진입장벽으로 인해 불가능하다.

중간지대는 없다. 금융시장에는 효율적으로 작동하는 시장과 그렇지 못한 시장이 존재한다. 효율적으로 작동하는 시장, 즉 채권이나 주식시장에서 시장보다 높은 수익률을 올리려는 시도는 좋은 성과를 얻을 수 없다. 오히려 추가 비용을 유발할 뿐이다. 예일대학교의 경우도 채권이나 주식에는 시장을 복제하고 주기적으로 리밸런싱하는 소극적 방법으로 투자한다. 반면 비효율적인 시장에서는 시장보다 높은 수익률을 올리려는 시도가 보상을 해줄 수 있다. 벤처캐피털Venture Capital이나 LBO Leveraged BuyOut 같은 시장이다. 예일 기금은 효율적인 시장에다 쓸데없이 힘 낭비하지 않고 비효율적인 시장에 전력을 다해 적극적인 방법으로 투자한다.

주제 파악을 잘하자

그렇다면 개인의 투자는 어떻게 이루어져야 할까? 가장 먼저 자신의 위치를 깨달아야 한다. 주부 9단의 경우 재래시장에서 압도적인 가성비의 쇼핑을 만들어낼 수 있다. 하지만 30대의 어리바리한 남자 고객은 재래시장에서 용 써봤자 바가지만 쓰기에 십상이다. 그는 그냥 마트에 가서 준수한 수준의 가성비만 만들어 낼 수 있다면 그것으로 만족해야 한다. 개인투자자들도 마찬가지다. 비효율적으로 작동하는 시장에서 개인투자자가 먹을 수 있는 초과 수익은 거의 없다. 이미 한참 이전에 진입장벽이라는 것이 개인투자자를 막아낸다. 그러므로 개인투자자가 참여할 수 있는 시장은 진입장벽이 존재하지 않는 채권과 주식시장 정도가 전부다. 이 두 시장은 상당히 효율적으로 작동한다. 시장 초과 수익은 거의 존재하지 않는다. 이 두 시장에서 얻을 수 있는 것은 리스크 프리미엄뿐이다. 높은 수익을 거두기 위해서는 더 높은 위험을 감수해야만 한다. 그럼에도 이 시장들은 효율적으로 작동한다. 적어도 감수한 위험만큼의 보상을 제공할 시스템적 구조가 존재하고 있다. 마치 이마트처럼 말이다. 개인투자자가 할 수 있는 최선의 투자는 채권시장과 주식시장에 장기적으로 분산 투자하는 것이다.

개인투자자들이 금융시장에서 예일 기금처럼 시장 초과 수익을 만들 수 있는 여지가 거의 존재하지 않는다는 것은 서글픈 일이다. 하지만 생각해 보면 시장의 목적은 공정성에 있지 않다. 금융시장이 초과 수익 기회를 모두에게 제공해야 하는 의무 같은 것은 존재하지 않는다.

하지만 대다수의 개인투자자들은 예일대학교 기금이 갖지 못한 기회를 가지고 있다. 지금 우리의 삶은 그 자체로 야만적이고 비효율적이기 짝이 없다. 이 말은 우리가 발 딛고 사는 이곳에 수없이 많은 기회가 득실댄다는 뜻이기도 하다. 예일대학교가 아무리 돈이 많아도 할 수 없는 일이 있다. 자신이 좋아하는 것, 영감을 주는 것에 몰입하는 일이다. 다 없다면 지금 하고 있는 일의 전문성을 더 키워보는 것도 충분히 가치 있을 것이다. 나는 재테크란 직업, 투자, 자신이 가지고 있는 가능성에 베팅하는, 세 트랙으로 이루어져야 한다고 생각한다. 현실이 불안한 만큼 이 모든 일은 시도할 가치가 있다. 제한된 자원으로 이 모든 것에 충실하기는 쉽지 않다. 그렇지만 투자라는 행위의 난이도는 앞으로 이야기할 펀드라는 상품을 활용하면 급격하게 내려간다. 성공할 수도 있고 실패할 수도 있겠지만 적어도 지루하지는 않을 것이다. 우리 모두가 어쨌든 삶을 즐기러 온 것이 아닌가? 금융시장이란 곳은 그곳이 주식시장이건 대체 투자 시장이건 대체로 지루하기 짝이 없다. 지루한 곳에 서성거릴 만큼 우리의 삶은 길지 않다. 효율적인 시장에 돈 처박아 두고 놀러 나가자.

5

골라보고
맛보고 득 보고

지금 당장 실천 가능한 투자

신탁과 믿음직스러운 곗돈
시장 포트폴리오를 복제하는 방법

아주 먼 옛날 올림포스의 신들이 인간에게 호의적이었던 시절이 있었다. 후세의 사람들은 당시를 가리켜 '금의 시대'라고 불렀다. 헤파이스토스와 헤르메스의 호의에 힘입어 당시 금융시장은 완벽하게 작동했다. 금융시장보다 높은 수익을 얻은 사람은 단순히 운이 좋았거나 더 많은 위험을 감수해 리스크 프리미엄을 얻은 사람들뿐이었다.

수학자들과 철학자들은 금융시장이 완벽하므로 인간은 금융시장의 베팅을 그대로 복제해서 시장 포트폴리오를 구축해야 한다고 주장했다. 신전의 무녀 또한 그것이 신의 뜻이라고 했다. 하지만 당시에는 소수의 사람을 제외하고는 시장 포트폴리오를 구축한다는 것이 쉽지 않았는데, 순전히 물리적인 문제였다.

금융시장에 존재하는 모든 투자 가능 자산군은 최소 거래 단위가 정해져 있다. 우리가 카페에서 아메리카노 0.0043잔을 구입할 수 없는 것과 마찬가지다. 시장 포트폴리오를 구축하기 위해서는 금융시장에 존재하는, 수천만 개에 달하는 자산들을 시장의 배분과 동일한 비율로 구입해야 한다.

만약 금융시장에 자산의 종류가 A, B, C 세 개뿐이고 각각의 가치가 정확히 1:2:3의 비율을 이루고 있다고 생각해 보자. 만약 거래 단위가 각각 100원이라면 우리는 A, B, C를 각각 100원, 200원, 300원어치를 사서 금융시장을 그대로 복제할 수 있다. 이때 필요한 최소 금액은 600원이다. 하지만 금융시장에 수백만 개의 자산이 존재하며 최소 거래 단위가 100원에서 2천억 원까지 광범위하게 분포하고 있을 때 시장 포트폴리오를 구성하는 것은 물리적으로 불가능하다. 금융시장에 존재하는 모든 자산의 최소 거래 단위와 시장의 비율이 동일해지는 최소 공배수는 수천억 원에서 수조 원에 달하기 때문이다.

금의 시대에도 수천억 원 단위의 돈으로 포트폴리오를 구축할 수 있는 것은 몇몇 왕과 제후밖에 없었다. 금의 시대 사람들은 누구나 헤파이스토스 신전에 설치된 단말기를 통해 궁극의 포트폴리오

부자들은 모두 은행에서 출발한다

를 만들 수 있는 레시피를 언제든지 볼 수 있었다. 하지만 시장 포트폴리오를 구축하기 위해 소요되는 최소자금 단위라는 허들 때문에 시장 포트폴리오를 구축할 수 없었다. 극소수의 사람들만이 시장 포트폴리오를 만들어 투자를 했고 그중 대다수는 금융시장의 언저리에서 시답잖은 투자를 하며 살았다.

신탁을 신탁하노라

금의 시대에는 헤아릴 수 없이 많은 나라가 존재했다. 작은 나라도 있었고 큰 나라도 있었다. 작은 나라의 왕들은 자산 규모가 작았기 때문에 시장 포트폴리오에 투자할 수 없었다. 그들은 큰 나라의 왕들과의 수익률의 차이가 커지는 상황을 우려했다. 작은 나라의 왕들은 운에 의해 높은 수익률을 얻을 수는 있었지만 이것은 지속 가능한 현상이 아니었다. 장기적으로는 결코 시장 포트폴리오를 이길 수 없다. 수학적으로 증명된 작은 나라들의 멸망은 천천히 다가오고 있었다.

작은 나라의 왕들 몇몇은 함께 돈을 모아 시장 포트폴리오를 구축하고 투자금액에 비례하여 수익을 함께 공유하는 방법을 생각해 냈다. 마치 계처럼 말이다. 처음에 이런 집합투자는 좋은 방법처럼 보였지만 결코 이루어질 수는 없었다. 테베의 왕이 시장 포트폴리오를 구축하기 위해 자신의 돈을 코린토스의 왕에게 송금하는 순간 코린토스의 왕은 당장 성문을 잠그고 입을 싹 닫을 수 있기 때문이다. 그 순간 테베라는 나라는 지도에서 사라지게 된다. 그 반대의 경우도 마찬가지다. 당시만 해도 다른 나라에 자신의 돈을 맡아달라고 하는 것은 상상 가능한 범위에서 가장 어리석은 일이었다.

돈을 누가 맡을 것인가라는 사소한 문제를 해결하지 못해 멸망을 기다리고만 있던 작은 나라의 왕들에게 어느 날 한 청년이 나타났다. 청년의 이름은 오디세우스였고 자신이 신탁信託의 힘을 빌려 이 문제를 해결할 수 있다고 말했다.

먼 옛날 전사들은 신의 부름을 받고 전쟁에 나갈 때면 자신의 전 재산을 믿을 수 있는 친구에게 신탁을 했다. 만약 전쟁터에서 죽으면 신탁을 받은 친구는 죽은 사람의 자녀가 성인이 됐을 때 그 재산을 돌려주어야 한다. 간혹 재산을 맡아준 친구가 파산하거나 반역자로 몰리게 되면, 자기 재산을 몰수하고 자신을 노예로 파는 것은 동의하지만 금고에 있는 2억 원과 성 밖의 농장 0.5에이커는 지금 바다 건너에서 전쟁 중인 친구의 것이니 손대지 말라고 이야기했을 것이다. 이 경우 누구도 신탁된 재산에 손을 댈 수 없다. 그랬다간 올림포스의 신들이 그를 산 채로 태워버릴 것이기 때문이다. 이 전통은 전쟁의 역사와 함께 신탁이라는 제도가 되었다.

오디세우스는 시장 포트폴리오 구축을 위해 작은 나라의 왕들의 돈을 제삼자에게 신탁하여 관리해야 한다고 이야기했다. 이 경우

왕 중 하나가 돈을 횡령하는 위험을 제거할 수 있다. 왕들은 오디세우스의 말이 옳다고 생각했다. 그들은 가진 황소 중에 가장 살찐 것들을 헤르메스 신전에 제물로 바치고 자신들이 신탁을 통해서 집합투자를 할 수 있도록 도와달라고 이야기했다. 헤르메스는 왕들의 재산을 올림포스 은행에 신탁하라는 신탁神託을 내렸다.

왕들은 가진 돈을 올림포스 은행에 신탁했고, 은행은 왕들이 낸 돈의 비율만큼 신탁 수익권을 발행해 주었다. 왕들은 신탁 수익권자가 된 것이다. 왕들은 주기적으로 모여서 자신들의 돈을 어떻게 운영할지 결정했고 올림포스 은행은 왕들의 결정에 따라 돈을 운용했다. 돈의 규모가 충분하고도 남았기 때문에 왕들은 안정적으로 시장 포트폴리오를 복제할 수 있었다. 왕들은 신탁된 자산의 일부를 매년 수수료로 올림포스 은행에 제공했고, 올림포스 은행의 대주주인 헤르메스는 추가 수입원을 만들어 낼 수 있어 행복했다.

펀드, 믿음직스러운 곗돈

일반적으로 우리가 주변에서 흔히 보는 계와 펀드의 결정적인 차이가 바로 신탁이다. 두 경우 모두 투자 결과에 따라 돈을 잃거나 얻을 수 있지만 계와는 다르게 펀드에서는 누군가가 투자 원금을 들고 튀는 일은 발생할 수 없다. 돈이 모두 신탁 영업권을 가진 신용

있는 금융기관(대개는 은행)에 묶여 있기 때문이다. 설사 은행이 파산을 한다고 할지라도 돈이 은행 신탁계정에 들어 있고 내게 신탁 수익권이 있는 이상 내 돈은 안전하다.

그러나 문제는 남는다. 아무리 단순한 전략을 쓴다고 해도 시장의 범위가 광범위한 데다 금융시장의 자산분배가 실시간으로 끊임없이 변하기에 잠시라도 신경을 쓰지 않으면 포트폴리오는 비틀거린다. 게다가 이런 경우 재빠르게 대처해야 할 왕들은 자신들은 각자의 이해관계 때문에 포트폴리오 운용에 대한 의견 일치를 이루지 못하는 경우가 태반이었다.

왕들은 다시 한번 살짝 황소를 제단에 올리고 신에게 조언을 구했다. 헤르메스는 그들이 전문적인 지식이 부족하고, 의견 일치를 보기도 쉽지 않으므로 박식한 오디세우스에게 펀드를 위탁하여 운용하도록 하라고 신탁했다. 일반적인 경우 이런 일은 상상하기 힘들다. 왕들이 자신들의 재산을 친인척도 아닌 남에게 맡긴다는 것은 상상하기 힘든 일이기 때문이다. 하지만 이 경우 왕들의 돈은 모두 올림포스 은행에 신탁이 되어 있었기 때문에 왕들은 동의할 수 있었다. 자금이 신탁되어 있는 이상 오디세우스는 왕들의 돈에 대해 지시는 할 수 있었지만 그 돈을 훔칠 방법은 없었다.

오디세우스는 왕들이 모두 모여서 투자 의사결정을 하는 것이 얼마나 비효율적인지 이야기했다. 하지만 이런 자산운용을 자신에게 맡김으로써 왕들의 펀드는 더 효율적으로 관리될 수 있다고 했다. 예를 들어 오디세우스의 사무실에는 전산 시스템이 갖춰져 있어서 아무리 복잡한 거래라도 실시간으로 지시할 수 있으며, 자신이 온종일 금융시장을 모니터링하면서 가장 적절한 방법으로 운용하므로 왕들은 그 자신들의 일에 매진할 수 있다. 늦은 시간까지 의견이 분분했지만 결국 모두가 오디세우스가 펀드 자산을 운용하는 것에 동의했다. 오디세우스의 운용을 보다가 아니다 싶으면 언제든지 그를 죽이고 다시 이전의 방식으로 돌아갈 수 있기 때문이다.

이로써 펀드의 자산을 은행에 신탁하고, 그 자산의 운용을 오디세우스, 즉 전문적인 자산운용사가 맡아서 전담하는 원시적 형태의 펀드가 완성되었다. 신탁 은행은 계약서와 자산운용사의 지시에 따라 자산을 운용하지만 자산운용사(오디세우스)가 수익자(왕들)의 이익을 침해하는 행위에 대해서는 일차적인 감시의 역할도 하게 된다. 이러한 구조가 공동투자가 가진 본질적인 위험, 즉 누군가가 돈을 들고 튈 위험과 비효율적인 의사결정 체계에 관한 불안을 제거하는 데 커다란 기여를 하게 된다.

지금 우리는 철의 시대에 살고 있다. 철의 시대의 금융시장이 효율적으로 작동하는지에 관해 우리는 명확한 답을 알지 못한다. 하지만 지금도 펀드는 존재하며 펀드의 기본 구조는 금의 시대나 지금이나 차이가 없다. 수익자(왕)가 있고 신탁업자(올림포스 은행)가 있으며 자산운용사(오디세우스)가 있다. 펀드는 이 삼각형을 기반으로 작동한다.

투명하라, 쉬워져라, 똑바로 팔아라

펀드가 생기고 발생한 가장 큰 문제는 펀드의 환매가 불가능하다는 것이었다. 최초의 펀드는 펀드가 설정이 된 이후에는 펀드에 추가로 돈을 넣거나, 펀드에서 돈을 빼는 것이 불가능한 폐쇄형 펀드였다. 펀드 수익권을 가지고 신탁사에 가서 돈을 돌려달라고 이야기해도 은행은 수익권에 기재된 운용기간을 다 채우고 가지고 오라고 이야기했고, 그전에 정말로 돈이 급하면 인터넷에 올려 팔든 말든 알아서 하라고 했다. 하지만 펀드 수익권을 팔려고 올려도 제값을 받기가 매우 어려웠는데, 이는 실제로 펀드 자산의 가치가 얼마인지 누구도 정확히 알 수 없기 때문이다.

자산운용사는 일정한 주기마다 펀드의 가치와 수익률을 평가해서 공시를 하곤 했다. 하지만 이렇게 일정한 주기로 펀드 자산의 가치를 발표하되 환매는 25년 뒤에나 가능한 상황은 결코 투자자들에게 좋게 돌아가지 않는다. 왜냐하면 자산운용사가 악의를 가지고 펀드 가치를 부풀려 공시를 하더라도 그것을 검증을 할 수 있는 방법이 없었기 때문이다.

게다가 이 경우엔 자산운용사가 똥 같은 자산을 금쪽같은 가격에 산 다음 장부를 장밋빛으로 써서 보고하면 투자자들은 펀드 안에 들어 있는 게 똥인지 된장인지 알 방법이 없었다. 자산운용사들은 그런 거래를 하고 두둑하게 뒷돈을 받곤 했다. 그래서 폐쇄형 펀드 수익권은 자산운용사가 주장하는 가치와는 상관없이 똥값에 거래되곤 했다. 초창기 펀드 투자자들은 크게 재미를 보지 못했다.

펀드 산업은 그 뒤로도 오랫동안 성장하지 못하고 금융산업의 구석진 곳에서 은행이나 증권사의 눈치나 보면서 존속해 왔다. 그러다 1924년 매사추세츠 펀드가 나타난다. 최초의 개방형 펀드의 등장이자 현대적 의미의 펀드가 등장한 것이다.

개방형 펀드의 경우도 매 영업일 펀드의 순자산가치를 평가해서 수익/손실을 발표한다. 그리고 수익 권당 순자산가치를 기준으로 투자자는 기존 투자자금의 반환을 요청하거나 혹은 추가로 펀드 수익권 매입을 요구할 수 있다. 이렇게 발표되는 펀드의 수익권 1좌당의 순자산가치를 기준 가격이라고 부른다. 지금도 인터넷에서 펀드를 검색하면 기준 가격이 얼마인지 옆에 쓰여 있다.

자산운용사가 주기적으로 발표하는 기준 가격에 의해 투자자들은 언제고 펀드의 환매 혹은 추가 투자를 할 수 있었기 때문에 함부로 기준 가격을 가지고 장난을 칠 수 없다. 만약 펀드의 실제 가치보다 높은 가격으로 기준 가격을 공시했을 경우 투자자가 요구하면 그 가격에 환매를 해주어야 하기 때문이다. 이 경우 늦든 빠르든 결국엔 장부에 구멍이 생긴다.

폐쇄형 펀드란 마치 편의점 아르바이트생이 매일 마감할 때마다 그날그날의 손익을 사장님에게 보고를 하지만 사장님이 금고 통은

25년 뒤에나 열어볼 수 있는 것과 마찬가지였다. 손해가 났음에도 이익이 났다고 보고를 해도 어떻게 사장이 아르바이트생이 진실을 말하고 있는지 알 수 있는 방법이 마땅찮다는 것이다.

하지만 개방형 펀드의 등장으로 이제는 언제고 편의점 사장이 와서 현금을 찾아갈 수 있는 상황이 되었다. 이 경우 편의점 아르바이트생은 장부로 사장님을 속일 수 없을 뿐 아니라 재고자산도 더 투명하게 관리할 수밖에 없다. 단기적으로는 조작된 장부를 때울 수 있을지 몰라도 사장이 현금을 주기적으로 검사하는 이상 결국에는 들통날 수밖에 없기 때문이다. 이로 인해 펀드의 성과 공시의 투명성은 획기적으로 높아진다. 개방형 펀드의 등장으로 펀드의 순자산가치와 펀드 수익권의 가격은 거의 동일하게 유지된다.

개방형 펀드는 펀드의 성과의 신뢰도와 더불어 대형화에도 지대한 공헌을 했다. 과거에 폐쇄형 펀드가 발표하는 성과는 믿을 수 없을뿐더러 정말 좋은 펀드를 알고 있더라도 펀드 수익권을 매입할 수 없었다. 펀드가 수익권을 추가로 발행할 수 없기 때문이다. 해당 펀드에 투자하기 위해서는 시장에 유통되는 극소수의 수익권을 살 수밖에 없었다. 하지만 개방형 펀드의 도입으로 누구든 기준 가격에 펀드 수익권을 추가로 매입하거나 매도할 수 있게 되었다.

좋은 펀드에 막대한 자금이 몰려들기 시작했고 베스트셀러라고 불릴 만한 거대한 펀드들이 하나둘 등장했다. 펀드에 투자하는 개인들의 숫자가 늘어났고, 개인투자자들의 권리를 보호하는 법이 더욱 정교하게 바뀌었다. 그중 가장 강력한 법안은 펀드를 팔 수 있는 주체를 엄격하게 제한한 것이다. 우리가 자산운용사나 쿠팡, 이마트에서 펀드 수익권을 살 수 없는 이유가 여기에 있다. 펀드는 허가를 받은 몇몇 기관들에서만 매입할 수 있다. 대개는 증권사나 은행, 보험사 같은 금융기관이 여기에 해당된다. 이제 수익자(투자자), 자산운용사, 신탁사에 이은 제4의 플레이어가 등장했다. 펀드에 대한 반독점적인 판매권과 광범위한 유통망을 가진 이들의 등장으로 펀드 산업은 더욱 버라이어티하고 효율적인 곳으로 변하게 된다.

진주를 얻고자 진흙을 살핀다
펀드를 만들어 굴리는 사람들

앞서 오디세우스와 왕들의 이야기를 예로 들어 설명했지만, 현실에서는 이런 식으로 펀드가 만들어지지 않는다. 무작위의 투자자 2천명이 모여서 2천억 원을 조성한 다음 신탁사와 자산운용사를 선별한 다음 펀드를 만드는 일은 현실에서 일어날 수 없기 때문이다.

자산운용사는 자산을 운용하는 능력만큼이나 시장 기회를 포착해 상품을 만들어 내는 기획 능력과 마케팅 능력이 필수적으로 필요하다. 최초의 펀드는 운용사가 기획해서 만들기 때문이다. 하지만 자산운용사의 규모는 대체로 그다지 크지 않다. 이들이 최초 론칭하는 펀드의 규모는 몇억에서 몇십억 정도로 소규모다. 시간이 지나고 론칭된 펀드가 꽤 괜찮은 성과를 보였다면 펀드에 자금이 계속 모여서 펀드는 몇천억 원, 심지어 몇조 원 단위까지 커질 수도 있다. 자산운용사의 입장에서는 펀드 규모에 비례해 수수료가 들어오기 때문에 어떻게든 펀드의 규모를 키우는 것이 궁극적인 목표가 된다.

하지만 이렇게 펀드가 유명해지고 커지기까지에는 펀드 판매기관들의 협조가 절대적으로 필요하다. 우리나라만 해도 수천 개가 넘는 펀드들이 있으며, 자산운용사가 아무리 야심차게 펀드를 만들었더라도 펀드를 판매하는 친구들이 별로 관심이 없다면 아무짝에도 쓸모가 없기 때문이다. 따라서 펀드 매니저들은 장이 마감된 뒤에도 을 사다가 판매기관에 가서 펀드를 소개하고 판매 상품군에 넣어 달라는 프레젠테이션에 상당한 시간을 소비한다. 내가 아무리 운용을 잘하고 전략이 좋다고 하더라도 팔리지 않으면 아무런 소용이 없다. 이 바닥에서 갑은 판매권을 가지고 파는 놈들이다. 펀드를 만들어 내는 사람들이 아닌 것이다. 게다가 펀드를 파는 놈들이 은행이나 증권사, 보험사 같은 금융시장에서 방귀 깨나 뀌는 놈들임을 생각할 때 운용사는 이들의 눈치를 보지 않으래야 보지 않을 수 없다.

일단 펀드상품 라인에 펀드를 집어넣는 것은 대개 그럭저럭 해낼 수 있다. 다른 상품들과 다르게 펀드는 재고자산이란 것이 존재하지 않기 때문이다. 그냥 돈이 들어오면 그만큼 더 찍어내면 되는 상품이기 때문에 판매기관도 상품군을 확장하는 데 별 부담이 없다. 펀드 판매사의 펀드상품 담당 직원은 IT 담당자에게 전화를 해서 신규 펀드를 라인에 넣어달라고 이야기했을 것이다. IT 담당자는 상품번호를 하나 따서 전산에 등록했을 것이다. 이제 펀드 판매 기관 영업점의 판매자가 그 상품번호를 집어넣고 펀드를 신규 개설하면 자금이 펀드로 흘러들어 가고 운용사는 그 자금을 운용할 수 있게 된다. 어려운 일은 아니다.

어려운 것은 이제부터다. 자산운용사는 어떻게든 펀드 수탁고(자산운용사는 펀드 개수가 아니라 펀드의 규모를 바탕으로 돈을 번다)를 늘려야 하고, 세상에 펀드와 자산운용사는 널리고 널렸다. 기프티콘이 펀드를 판매 가능 상품군에 올리는 데는 먹혔을지 모르지만 그것만으로는 불충분하다. 지하철이나 신문에 광고를 하기도 하지만 대개 신통치 않다. 결국 펀드의 수탁고를 결정적으로 올릴 수 있는 궁극적인 방법은 펀드의 성과뿐이다. 펀드의 성과가 좋을 경우 펀드 판매기관들의 이달의 추천 펀드나, 혹은 경제신문의 이달의 우수펀드 같은 것에 선정이 될 수도 있다. 이 경우 기프티콘 사들고 여기저기 기웃거리지 않아도 상품을 넣어달라는 전화가 쇄도한다. 펀드의 수탁고는 말 그대로 폭발적으로 증가한다. 해당 펀드의 매니저는 찬란하게 빛나는 별이 된다. 연말 보너스로 포르쉐를 뽑을 수 있을지도

부자들은 모두 은행에서 출발한다

모른다. 자산운용을 금융의 꽃이라고 부르는 이유가 여기에 있다.

반대로 성과가 부실하면 곧바로 펀드 판매기관의 직원으로부터 원인을 묻는 전화가 오고, 제대로 해명을 하지 못하거나 부실한 성과가 지속되면 아예 판매기관의 펀드상품 라인에서 내가 운용하는 펀드들이 통째로 빠져버릴 수 있다. 이 경우 기프티콘을 백 개 사들고 다시 찾아가 봐야 수탁고를 다시 올릴 수 있는 가능성은 없으며, 이게 두세 번 반복되면 짐 싸서 집에 가야 할 준비를 해야 한다. 자산운용사는 어떻게든 펀드 수탁고를 늘려야 하고, 늘어난 수탁고를 지켜야 하며, 이를 위해서는 어떻게든 펀드의 수익을 극대화해야 한다. 그래서 자산운용사는 하루하루 펀드 수익을 내기 위한 전쟁을 하고 있다. 펀드 산업을 별들의 무덤이라고 부르는 이유가 여기에 있다.

펀드 판매사의 펀드 선정 업무를 담당하는 직원도 별처럼 많은 펀드 중에 어떻게든 좋은 펀드를 발굴해 판매해야 하는 입장에 처해 있다. 추천 펀드로 선정하여 집중 판매한 펀드가 수익률이 좋지 않았을 때 닥칠 상황이 썩 좋지 않기 때문이다. 펀드에서 손실을 본 고객들은 지점에 강력하게 항의를 하거나, 심지어는 경쟁업체로 이탈을 해버릴 가능성이 다분하다. 왜 그딴 펀드를 추천펀드로 올려서 피를 보게 하냐는 전화를 업무시간 내내 받고, 일과가 끝나고도 새벽까지 일단의 사태에 관한 보고서를 써내야 하기 때문이다. 이런 일은 과거에 몇 번이나 있었고 아마 앞으로도 계속 발생할 것이다. 그리고 이런 일이 터질 때마다 펀드를 담당하는 직원은 고생은 고생대로 하고 승진은 몇 년씩 뒤로 밀려나게 된다. 그래서 펀드 판매사의 펀드 담당 직원은 병아리 감별사처럼 될 놈과 안될 놈을 섬세하게 분별하여 상품 라인에 집어넣는다. 장이 종료된 후에도 매일 펀드의 기준가를 검사하고 주기적으로 펀드 매니저들과 인터뷰를 하거나 외부기관의 컨설팅을 받으며 좋은 펀드를 선별하려 나름대로 분주하게 움직인다. 판매한 펀드에 대한 사후관리가 이루어지는 것이다.

자산운용사, 펀드 판매사의 이해는 펀드의 수익을 극대화해야 한다는 것에서 극적으로 일치한다. 투자자는 당연히 펀드를 통해 높은 수익을 얻고 싶어 한다. 자산운용사 또한 자신이 운용하는 펀드가 높은 수익률을 내기를 간절히 원한다. 그래야 살아남을 수 있기 때문이다. 펀드 판매사 또한 자신이 판매하는 펀드가 높은 수익률을 내기를 원한다. 그래야 살아남을 수 있기 때문이다.

펀드 판매사는 무작위적이며 먼지만큼이나 규모가 작은 다수의 개인투자자들을 대신해서 펀드를 선별하고, 자산운용사를 견제하는 역할을 한다. 펀드 판매사로 인해 펀드시장은 분명 좀 더 효율적으로 작동하고 있는 것이다. 이것이 언제나 꿈처럼 완벽하게 작동하는 것은 아니다. 세상엔 분명 자신의 이익을 위해 투자자를 엿 먹이고 싶어 하는 자산운용사와 펀드 판매사가 존재한다.

그러나 세상에는 이렇게 이해관계의 일치alignment이라는 최소한의 얼개조차 깔지 않고 유통되는 금융상품이, 산업이 존재한다. 펀드는 그 판이 깔린 몇 되지 않는 금융상품이고 그 때문에 펀드가 좋은 재테크 수단이라고 나는 생각한다.

펀드 재산의 신탁, 전문적인 자산운용사의 도입, 기준 가격을 통한 자유로운 환매와 매입, 독점에 가까운 판매권을 가진 펀드 판매 기관의 등장까지. 이 모든 것은 개인투자자들이 펀드를 통해서 안전하게 투자를 할 수 있도록 하기 위해 인류가 몇백 년이나 공들여 발전시켜 온 제도다.

펀드를 통해서 우리는 단돈 1만 원으로 극도로 분산된 포트폴리오를 구성할 수 있을 뿐만 아니라 가입을 한 뒤에도 자산의 운용에 대한 걱정을 할 필요가 없다. 내가 볼 수 없는 곳에서 운용사 직원들은 똥줄 타는 심정으로 펀드 성과를 높이기 위해 노력할 것이고 판매기관의 직원들은 갑의 전능을 가진 고객 재산의 청지기로서 펀드 성과가 떨어질 때마다 왜 그러냐고 운용사 직원을 조져대고 있을 것이다. 그런 생각을 하면 웃음이 난다. 그래서 나는 펀드라는 금융상품을 좋아한다. 그럼에도 아직 극복되지 못한 펀드의 단점들은 아직도 수북하게 존재한다.

좋은 펀드를 고르는 세 가지 기둥
투자자가 팔아야 할 세 가지 발품

시장이 효율적이지 않다고 가정해 보자. 과연 세상에 존재하는 수 많은 펀드 중에 시장을 이기는 펀드를 골라낼 수 있는가? 우리는 이 질문에 답할 수 있어야 한다. 좋은 펀드를 구하기 위한 몇 가지 방법이 분명 존재한다.

첫 번째는 통계적 방법이다. 깔때기 모양으로 커다란 통계 모형 을 만들은 다음에 세상에 존재하는 모든 펀드의 수익률과 변동성에 관한 시계열 자료를 쏟아 붓는다. 그중 통발을 뚫고 튀어나와서 퍼 덕거리는 수익률 좋은 펀드가 있을 테니 그놈들을 가져다가 맛있는 포트폴리오를 만들면 된다.

두 번째는 계량적인 방법이다. 엑셀을 켠 다음에 투자자 협회에서 현존하는 모든 펀드의 성과를 다운 받은 다음에 가장 오른쪽 열에 있는 샤프Sharpe지수를 바탕으로 내림차순 정렬을 하는 것이다. 샤프지수란 일종의 위험조정이익이라고 볼 수 있다. 이는 노벨경제학상을 받은 윌리엄 샤프William Forsyth Sharpe라는 경제학자의 이름을 따온 것이고, 이 지수가 높을수록 좋다. 그러므로 샤프지수가 가장 높은 펀드를 고르면 된다.

세 번째로는 인문학적인 방법이 있다. 펀드 매니저의 됨됨이라던가 운용 철학을 꼼꼼히 확인해서 좋은 펀드를 고르는 것이다. 해당 펀드 홈페이지에서 상품설명서를 꼼꼼히 읽어보고, 증권투자협회의 공시자료를 숙지하거나, 혹은 펀드 매니저를 인터뷰한 기사 같은 것을 읽어보고, 발이 넓은 사람은 실제 펀드 매니저랑 삼겹살이라도 같이 구워먹으면서 펀드 매니저가 어떤 사람인지 재어보는 것도 좋을 것이다. 그러다 보면 신내림 같은 것이 오는 순간이 있는데 그때 그 펀드를 잡으면 된다.

마지막으로 펀드의 규모가 적정하고, 역사가 오래되어야 하며, 펀드자산 회전율이나 펀드 매니저의 이직율이 높지 않아야 하며, 향후 시장 전망이 밝은 부분에 투자하는 펀드를 고르는 것이 좋다는 이야기도 있다. 누구나 같은 말을 한다는 점에서 일종의 부록 같은 이야기인데 이 점에 대해서도 유념하도록 하자.

통계적 방법을 사용한 펀드 선별

펀드를 하나 고르려는 사람을 상상해 보자. 먼저 통계적 방법을 통해 좋은 펀드를 골라내는 방법을 실천해 보자. 공대 다니는 오빠에게 전화를 해서 펀드를 고르려는데 통계 모형을 하나 보내달라고 요청한다. 아마도 이메일로 모델을 받아볼 수 있을 것이다. 참고로 펀드 관련 세부 데이터는 금융투자협회에서 다운받을 수 있다. 공대 오빠가 보내준 통계 모형 우측 하단에 달려 있는 신뢰도 구간 다이얼을 50% 정도로 맞추고 다운받은 펀드의 시계열 자료와 시장 수익률 자료를 쏟아부으면 상당히 많은 펀드가 통발에서 튀어나와서 퍼덕거리는 것을 볼 수 있다. 통계적으로 유의하게 시장 초과 수익률을 달성한 펀드들이다. 결과치가 너무 많으니까 조금 더 상향 설정을 해보자. 아마 그러고도 십여 개의 펀드가 튀어나와서 퍼덕거릴 것이다. 계속 신뢰도 구간을 높이다 보면 마지막까지 살아남는 놈들이 있다. 그놈들을 잡아다가 맛있게 포트폴리오를 구축하면 된다. 97%의 신뢰도 구간에서 마지막까지 남아 퍼덕거리는 놈들 중에 한 놈이 눈에 띤다. 그 펀드의 이름을 "펀드알파 14호"라고 지어보자.

사실 펀드알파는 5년 전 알파 팩토리 자산운용사의 펀드 매니저 로키가 론칭한 펀드시리즈다. 로키는 시장 초과 수익률을 만들어 낼 수 있는 능력이 없으며 심지어 양심조차 가지고 있지 않은 인물이다. 하지만 지금 로키의 펀드알파 14호에는 엄청난 규모의 자금이 몰려들고 있고 로키는 연말 보너스로 포르쉐를 사고 보그에서 일하는 여자친구를 위한 에르메스 백을 두 개 정도 사준 다음 호화로운 프랑스 남부여행을 다녀올 예정이다. 이것이 부럽다면 앞으로의 설명을 잘 살펴보길 바란다. 떡볶이를 만드는 것보다 쉽다.

최초에 로키는 펀드알파 시리즈 16개를 한꺼번에 만들어서 론칭했다. 그중 8개의 펀드는 주식시장이 떨어질 것이라는 데 베팅을 했고, 나머지 8개는 시장이 오를 것이라는 데 베팅을 했다. 시장이 어떻든 8개의 펀드는 시장 수익률을 가볍게 뛰어넘을 수 있다. 이듬해 다시 그 8개의 펀드를 가지고 베팅을 할 수 있다. 4개는 시장이 오를 것이라는 데, 또 4개는 시장이 떨어질 것이라는 데 베팅을 한다. 만약 시장이 실제로 떨어졌다면 시장이 떨어지는 데 베팅을 한 4개의 펀드는 2년 연속 시장을 앞서는 수익을 얻게 된다. 비슷한 짓을 4년 동안 반복하면 로키는 16개의 펀드 중에 4년 연속 시장을 앞선 펀드를 하나 생산해 낼 수 있다. 바로 그 펀드가 펀드알파 14호다.

하지만 4년 연속 시장을 앞선 펀드는 시장에서 그리 희소하지 않고 엄청난 규모의 자금이 모이지도 않는다. 뭔가 한두 해 더 펀드알파 14호가 시장을 이길 수 있도록 만들어야 한다. 이게 불가능한 것은 아니다. 로키는 펀드알파 14호의 80% 정도를 시장포트폴리오 Core로 구성하고 나머지 20%를 극도로 유동성이 떨어지는 종목Satellite으로 채운다. 만약 이듬해 운 좋게 이 20%의 성과가 시장보다 높으면 5년 연속 시장을 앞서는 것이며, 설사 20%의 성과가 시장보다 낮다고 하더라도 문제없다.

언젠가 펀드알파 14호는 필연적으로 침몰하겠지만 그전에 당연히 로키는 더 높은 연봉으로 이직할 것이다. 그리고 이직한 회사에서 펀드알파 14호의 몰락을 바라보며 동료나 상사에게 저거 보라고, 내가 없으니까 펀드가 저렇게 되지 않았냐고 의기양양하게 이야기할지도 모른다. 여기서 몇 가지 짚고 넘어가자.

펀드알파 14호는 좋은 펀드일까? : 아니오.

통발 모형의 높은 신뢰도 구간이 좋은 펀드를 보장할까? : 아니오.

실제로 이렇게 성과조작을 하는 펀드 매니저가 존재할까? : 아마도.

세상에는 나쁜 놈들이 존재한다. 자산운용업이란 산업에도 당연히 일정 비율의 나쁜 놈들이 존재한다. 비극적이지만 인간이 어쩔 수 있는 문제는 아니다. 나쁜 놈들이 존재할 수 있다는 사실보다 훨씬 더 큰 문제는 이런 상황에서 투자자들이 손해를 볼 수 있음에도 자산운용사들이 투자자 보호를 위해 법에서 요구하는 수준 이상의 노력을 하지 않는다는 것이다.

로키 같은 성과조작을 잡아낸다는 것은 사실상 불가능하다. 로키가 만들어 낸 16개의 펀드처럼 동일한 섹터에 투자하는 펀드를 하나의 콤포짓Composite이라고 한다. 대개의 경우 이런 콤포짓은 명확하게 구별되지 않으며, 운용사가 아닌 외부의 투자자가 콤포짓을 구별해 내는 것은 실제로 불가능에 가까운 일이다. 대부분의 자산운용사는 수백 개의 펀드를 동시에 운용하고 있기 때문이다. 마음만 먹으면 얼마든지 교묘하고 복잡하게 성과조작을 할 수 있다. 따라서 통발 모형을 통해서 좋은 펀드를 구하고자 하는 것은 그다지 좋은 생각이 아니다. 누군가 펀드 수익률을 가지고 장난질을 할 때 시계열 자료만으로는 좋은 펀드를 고를 수 없는 것이다. 반드시 다른 방법들을 병행해서 활용을 해야 한다.

위험을 조율할 수 있다면 : 위험조정이익

두 번째 방법은 펀드의 위험조정 이익을 보는 것이다. 앞서 통발모형의 경우 친한 공대 오빠가 없거나 금융통계 석사과정 정도를 마치지 않은 사람이라면 실제로 모형을 만들어서 실험해 보기 어렵다. 하지만 펀드의 위험조정이익을 보는 것은 엑셀만 있으면 누구나 간단히 해볼 수 있고, 직관적으로 이해하기도 쉽다.

금융투자협회에 접속하면 대한민국에 존재하는 모든 펀드의 수익률을 조회할 수 있으며, 가장 오른쪽 행을 보면 샤프지수가 있다. 이것은 노벨경제학상을 받은 경제학자 윌리엄 샤프가 제안한 개념으로 시장 초과 수익률을 변동성으로 나눈 값이다. 샤프지수는 가장 광범위하게 사용되는 펀드 위험조정이익 지표다. 우리가 할 일은 샤프지수로 올림차순 정렬을 해서 샤프지수가 가장 좋은 펀드에 가입하는 것이다.

실제로 이것을 해본 사람이라면 아마 두 가지 현상을 목격했을 것이다. 샤프지수가 1보다 높은 펀드가 상당히 많이 있다는 것과 상위권에 링크된 펀드 중 대다수가 설정 규모도 작고 이름도 어디서 듣도 보도 못한 놈들이 태반이라는 것. 아마 실제로 필터링을 해본 사람이라면 '이거 보고 투자하면 망하겠구나'하는 느낌이 딱 하고 올 것이다. 실제로 윌리엄 샤프 자신도 자신의 이름을 딴 이 위험조정지표를 그다지 신뢰하지 않는 것 같다. 하지만 숫자가 가지는 아름다움이 있고 거기에 경도되는 집단은 항상 존재하기 마련이다.

오래되지 않은 과거에 시카고 미술재단에서 펀드에 재단 재산을 쏟아부었던 적이 있다. 잠시 후 보니까 펀드 가치가 저 밑구석에서 헤매고 있었다. 이는 있을 수 없는 일이었는데, 바로 직전까지 그 펀드의 지표가 완벽했기 때문이다. 리스크는 적었고 수익은 황홀할 정도였다. 단순한 트릭이다. 누구라도 그런 괴물을 만들어서 포트폴리오에 집어넣을 수 있다. 만약 내게 1천억 원짜리 펀드가 있다면 1천억 원 전액을 시장 포트폴리오로 구성을 할 것이다. 이 경우 샤프지수는 1이다. 이후에 옵션을 걸어 매도한다. 그러니까 시장이 폭락할까 봐 걱정하는 1천억 원짜리 포트폴리오를 가진 누군가(그런 사람은 널리고 널렸다)에게 주가지수가 10%이상 폭락하면 손해를 전부 물어주겠다고 약속하는 것이다. 대신 매년 10억 원을 보험료로 지급하라고 요청한다. 이 경우 시장이 10%이상 폭락하지 않는다면 시장 이익률과 보험료의 수익률을 올릴 수 있다. 재미있는 것은 시장이 10% 이상 폭락하는 경우다. 시장이 20% 떨어질 경우 이 포트폴리오는 30%의 손실을 보며, 50%가 떨어지면 90%의 손실을 받는다. 하지만 시장이 10% 이상 떨어지지만 않으면 펀드의 샤프지수는 다른 펀드들을 압도한다.

세상에 존재하는 거의 모든 위험조정이익 지표는 세상에 옵션이 존재하지 않는다고 가정한다. 하지만 세상에 존재하는 거의 모든 펀드 매니저는 원하기만 하면 얼마든지 옵션을 사거나 팔 수 있다. 때문에 펀드에 붙어 있는 수익률과 리스크 수치만으로 펀드를 고르면 안 된다고 이야기하는 것이다. 누구나 마음만 먹으면 그런 계량적 지표 따위는 떡 주무르듯이 조작할 수 있기 때문이다. 단지 정도의 문제일 뿐이다.

펀드 매니저의 됨됨이

그렇다면 우리에게 남은 마지막 비장의 카드는 비계량적 방법뿐이다. 일반적으로 좋은 펀드를 구하기 위한 비계량적인 판단 기준은 아래와 같다.

1. 펀드 매니저가 똑똑하고 윤리적일 것
2. 펀드의 규모가 너무 크지도 작지도 않을 것
3. 펀드 자산 회전율과 펀드 매니저의 이직률이 높지 않을 것
4. 향후 시장 전망이 밝은 부분에 투자하는 펀드에 투자할 것
5. 투자설명서를 꼼꼼히 읽어볼 것

비계량적 방법의 가장 큰 단점은 객관화하기가 무척이나 어렵다는 것이다. 아무리 오래 몸담은 사람이라도 과연 적정한 펀드의 규모가 얼마나 되는 것인지, 과연 A라는 펀드 매니저가 똑똑하고 윤리적인지 같은 질문에 대한 답을 하기는 결코 쉽지 않다. 막연히 느낌적인 느낌만이 존재할 뿐이다. 게다가 향후 시장 전망이 밝은 부분에 투자하는 펀드에 투자하라니 이 말에 따라 중국과 그 빌어먹을 브릭스인가 뭔가에 투자했다가 죽을 쑨 사람은 또 얼마나 많이 있었던가.

좋은 펀드를 구하기 위해 연기금이나 대형기금의 경우 자산운용

사를 대상으로 설문지를 돌리고, 면접을 보고, 산업 내 평판을 조사하는 방법으로 비계량적인 부분을 평가한다. 괜찮다 싶은 운용사가 나타나면 일단 입맛에 맞게 사모형 펀드를 하나 작게 만들어서 운용해 보고 심심하면 한 번씩 연락을 해서 무슨 생각을 하는지, 일은 잘하고 있는지 모니터링한다. 갑의 지위에서 연기금은 오랜 시간 다양한 운용사를 가까이서 지켜보며 각각의 운용사를 파악할 것이고 이러한 경험이 축적되면 정말로 좋은 운용사가 어디인지, 어느 펀드 매니저가 유능한지 자연스럽게 알아낼 수 있다.

하지만 개인투자자의 경우 펀드의 내부 사정을 알기 위해 접근할 수 있는 자료가 펀드 투자설명서 하나다. 따라서 거의 모든 재테크 서적에서 펀드에 가입하기 전에 반드시 펀드 투자설명서를 읽어보라고 하는 것이다. 투자설명서에는 펀드의 전략, 펀드에 내재된 리스크와 과거 수익률, 펀드 매니저가 시장을 보는 시각, 자산운용사의 현황까지 해당 펀드에 관한 거의 모든 자료가 망라되어 있다. 그렇다면 과연 이 펀드 상품설명서를 읽으면 좋은 펀드를 구할 수 있을까? 나는 아니라고 생각한다.

금요일 밤에 눈치 없는 팀장님이 집에도 안 가고 자리에 앉아서 야구 뉴스를 읽고 있을 때면 나는 펀드 상품설명서를 읽곤 했다. 이 PDF 파일들을 읽고 있으면 그래프랑 숫자가 많아서 뭔가 정말로 열심히 일하고 있는 것처럼 보인다. 팀장님이 삼겹살이나 뼈해장국 먹으러 가자고 회식을 통보하는 순간까지 대략 한두 편 정도를 읽을 수가 있는데, 꽤나 오랜 시간 나는 내가 잘못 이해하고 있다고 생각했다.

분명히 숫자와 그래프랑 글자는 엄청나게 많은데 거기서 그 어떤 메시지도 읽어낼 수 없었다. 하지만 나는 나의 청맹과니 같은 눈이 가치 있는 것을 눈앞에 두고도 읽지 못하고 있다고 생각했다. 자료가 이만큼이나 많은데, 운용사가 돈을 들여서 이렇게 자료를 만들어서 배포하는 것은 뭔가 그 속에 들어 있기 때문이 아닐까?

내 잘못이 아니라는 것을 깨달은 때는 한참 뒤 펀드의 증권신고서와 상품설명서를 직접 작성하고 공시하는 변호사의 펀드 법률 수업을 들으면서였다. 수업을 시작하면서 그는 우리가 펀드에 투자하기 전에 상품설명서를 꼭 읽어야 한다고 이야기했다. 나는 머리를 한 대 세게 얻어맞은 느낌이었다. 그 무렵 나는 펀드 상품설명서로 좋은 펀드를 고를 수 있다는 생각을 거의 포기하고 있었기 때문이다. 변호사의 말을 듣고 펀드 상품설명서 안에 뭔가가 들어있는 것이 분명하다고 생각했다. 그리고 저 변호사라면 읽어내는 방법을 알 것 같다는 기대가 생겼다. 나는 수업이 끝나기를 기다렸다. 내가 찾던 답이 바로 저기 존재한다고 믿으며 말이다.

나는 수업이 끝나고 변호사에게 가서 물어봤다. 좋은 펀드를 구하기 위해 상품설명서의 어디를 봐야 하는 거냐고. 내게는 그것이 시간 낭비처럼 느껴졌다고 이야기했다. 변호사는 조금 당혹스러워하며 대답했다. 그딴 것은 존재하지 않는다고. 상품설명서는 고객

부자들은 모두 은행에서 출발한다

에게 좋은 펀드를 구하는 정보를 제공하기 위해 작성되는 것이 아니며 법에서 요구하는 공시기준을 맞추기 위해 작성되는 것이고, 실제로 그것을 읽고 투자하는 사람도 없을 뿐더러 차라리 과거 성과나 위험조정 이익 같은 것을 보는 것이 낫다고. 그리고 은행원인 내가 좋은 펀드를 구하는 방법을 더 잘 알고 있을 것이라고 이야기하고는 BMW를 끌고 돌아가 버렸다. 그 시점에서 나는 좋은 펀드를 구할 수 있는 방법 따위 없는 것이라고 결론내렸다.

모든 펀드 상품설명서는 분량에 상관없이 3문장으로 요약된다.

1. 이 펀드에는 세상에 존재하는 모든 리스크가 들어 있다.
2. 펀드의 과거 수익률은 미래의 수익률을 보장하지 않는다.
3. 최선을 다해 운용하겠지만 손실이 나면 투자자 책임이다.

많은 숫자와 자료가 있지만 결국 위의 말을 A4용지 70장으로 불려서 적어놓은 것이다. 누가 읽어도 시간 낭비인 자료를 만들어서 등재하는 것은 법에 의무로 정해져 있으며, 펀드에 모든 리스크가 내재되어 있다는 것을 일단 공시해 놓아야 향후 일어날지 모를 다른 법적 다툼에서 운용사는 펀드 투자의 위험에 대한 충분한 공시를 해왔다고 변호할 수 있기 때문이다.

대부분의 자산운용사는 상품설명서에 그다지 성의를 쏟지 않는다. 실제로 펀드 매니저가 작성하지도 않으며 펀드 매니저를 지원하는 직원이 작성을 하거나, 그마저도 외주를 주기도 한다. 대부분의 펀드 상품설명서는 과거의 자료를 Ctrl+C한 이후 Ctrl+V 한 다음에 몇몇 항목만 변경하는 방식으로 작성된다. 법에서 요구하는 최소한의 항목만 담아내면 되기에 문제가 없다.

1. 해당 펀드를 운용하고 있는 펀드 매니저가 자기가 운용하는 펀드에 얼마나 투자를 하고 있는지

2. 펀드 설립 이후 벤치마크 대비 성과가 어떤지

3. 다른 유사한 전략을 구사하는 펀드들과의 상대적 성과는 어떤지

4. 소프트달러 정책은 어떠하며 유무형의 거래비용은 얼마나 되는지

내가 궁금한 이런 자료는 설명서에 들어 있지 않다. 그렇다면 이 설명서들이 무슨 의미가 있는가? 상품설명서를 꼼꼼히 읽고, 펀드 매니저의 과거 운용 스타일이나 자산운용사의 철학을 통해 좋은 펀드를 고를 수 있다는 주장은 시장이 완벽하다는 주장만큼이나 비현실적이다. 적어도 나는 그 방법을 모른다. 금융권에 근무하며 펀드 관련 업종에 종사하는 내 친구들도 그 방법을 모른다. 재테크 책 대부분이 상품설명서를 꼭 읽으라고 하지만 그것을 통해 구체적으로 어떻게 좋은 펀드를 구할 수 있는지는 대개 애매모호하게 적거나, 얼렁뚱땅 넘어가 버린다. 읽어보는 편이 더 좋을 것이라는 데에는

나도 동의한다. 하지만 그것을 통해서 좋은 펀드와 나쁜 펀드를 고를 수 있다는 주장에는 동의하기 힘들다.

세상에는 자신이 좋은 펀드를 고를 수 있다고 주장하는 사람들이 존재한다. 그렇게 감히 주장을 하지는 못하더라도(고소당한다) 자신은 남들이 가지고 있지 못하는 어떤 탁월한 지혜가 있어서 (설사 그 지혜를 이식해주지는 못하더라도) 투자자를 위해 얼마든지 그 조언을 나누어 주겠다는 사람들이 존재한다. 창구에서, 블로그에서, 책에서, 방송에서 이들은 은근히 또는 노골적으로 자신이 좋은 펀드를 고를 수 있는 능력과 연륜을 가지고 있다는 느낌을 주기 위해 노력한다. 이런 사람들이 계속 존재하는 것은 펀드를 파는 것이 괜찮은 비즈니스이며 이에 속을 멍청한 사람들이 결코 부족하지 않기 때문이다.

통상적인 펀드의 판매 수수료는 1% 정도 된다. 만약 1억을 팔면 가만히 앉아서 1%의 판매 수수료 즉, 100만 원을 가지게 되는 것이다. 그다지 큰돈이 아니라고 생각할 수 있지만 이것은 무위험, 무자본 이익이다. 펀드를 파는 사람은 단돈 1원도 투자를 할 필요가 없으며 어떤 위험도 지지 않는다. 펀드가 완전히 무너져 도저히 회복할 수 없을 순간에도 매우 유감이라는 표정을 지으며 이번엔 좀 안정적인 투자를 해보라고 이야기하면 된다. 기억할 것은 실제로 시장을 이겨서 장기간 수익을 만들어낸 투자자는 극소수라는 점, 자금을 통제할 수 없는 공모형 펀드는 시장을 이기기에 적합한 투자 수단이 아니라는 점, 설사 시장을 이길 수 있는 최상의 펀드라도 그것을 사전에 알아낼 수 있는 방법이 없다는 점이다.

나는 펀드로 10억 번 사람을 본 적이 없다

유화를 그릴 때 가장 중요한 것은 기다림이다. 한 겹 얇게 색을 입히고 그것이 완전하게 마를 때까지 기다려야 한다. 그리고 그 위로 다시 또 한 겹의 색을 올리는 것이다. 실수하더라도 신경 쓸 필요 없다. 그 위로 한 겹, 두 겹씩 색을 올리다 보면 실수는 자연스럽게 그림에 녹아들어 더는 어색해 보이지 않는다. 시간과 정성을 들여 그림을 그리면 어김없이 멋들어진 그림이 완성된다는 것, 그 과정에서의 실수도 작품으로 발전시킬 수 있다는 것은 유화만의 매력이다.

펀드에 투자한다는 것은 유화를 그리는 과정과 비슷하다. 펀드에 투자하는 것은 천천히 한 겹, 두 겹 수익률을 쌓아 올리는 방식이어야 한다. 펀드에 올바로 투자한다는 것은 단기 수익률에 크게 연연하지 않는 것이다. 손실이 발생할 수 있다. 그러나 일희일비해서는 안 된다. 만회할 시간을 주고 장기적으로 천천히 시간을 들이면 분명 좋은 성과를 얻을 수 있다. 펀드는 천천히, 단단하게 하는 것이다.

반론은 있을 수 있다. 펀드는 리스크를 감수하고 투자하는 것이고, 감수한 이상 한방에 훅 지를 수 있어야 한다는 것이다. 얼마 전 레버리지 펀드 사태가 발생했을 때 내가 놀랐던 것은 60%에 달하는 높은 손실률보다 그런 투자를 해서 손실을 본 사람들이 존재하며, 그 숫자가 엄청나게 많다는 사실이었다.

이상한 일이다. 한방에 훅 지르는 방식으로 투자하는 사람이 이토록 많은데도 불구하고 나는 단 한 번도 펀드를 통해 10억을 벌어들인 사람을 본 적이 없다. 이런 펀드를 통해 부자가 된 사람도, 이를 본 사람도 본 적이 없다. 당연한 결과다. 문제는 재료다. 당신이 한번 훅 질러보고 싶다면 펀드는 절대 적합한 방식이 아니다. 직접 투자를 하는 게 훨씬 낫다.

펀드는 간접투자 상품이다. 펀드가 무엇에 언제 어떻게 투자를 할지 당신이 투자 의사결정에 개입할 수 있는 여지가 전혀 없다. 당신에게는 오직 매수와 환매, 단순하기 짝이 없는 이항적 의사결정 기회밖에 주어지지 않는다. 심지어 이런 투자 의사결정도 실시간으로 반영되지 않는다. 0.1초를 다투는 금융시장에서 7일의 영업일은 거의 영겁에 가까운 시간이다. 게다가 펀드란 결국 생판 모르는 남에게 내 돈을 맡기는 행위다. 이 프로세스에서 헤아릴 수 없이 많은 대리인 비용이 발생할 수 있다. 말이 좋아 대리인이지 결국 내 돈을 다른 사람이 요령 좋게 뜯어 먹는다는 말이다. 이토록 불리한 조건들을 가지고 있는 펀드를 사용해서 한번 질러보겠다고 생각하는 것은 만용에 가깝다. 이런 사람들을 볼 때면 나는 망치로 토마토 주스를 만들려는 사람을 보는 것 같다. 꾸역꾸역 하다 보면 가능할지 모르겠지만 세련되지도, 우아하지도, 효율적이지도 않다. 성공할 수 없다.

펀드 투자가 실패하는 가장 큰 책임은 투자자에게 있다. 모든 의사결정은 결국 투자자가 하는 것이기 때문이다. 투자자가 무지와 욕심과 조급함 때문에 펀드로 한방에 훅 지르려다 실패했다면 그 결과는 투자자가 감수해야 한다. 그러나 잊지 말아야 할 것이 있다. 그 모든 투자 실패에는 언제나 창백한 범죄자가 두 놈 가담해 있다는 사실이다. 펀드를 만드는 놈과 펀드를 판매하는 놈이다.

좋은 펀드를 고르는 것은 좋은 주식, 좋은 채권, 좋은 부동산을 고르는 것에 비해서 훨씬 더 어렵다. 주식이나 채권은 그것을 발행한 기업이나 정부라는 실체가 존재한다. 부동산의 경우 실물 자산 그 자체다. 실재하는 무언가가 존재하는 이런 자산들의 경우 가치를 평가하는 것은 쉽다. 그런데 펀드는 실체랄 것이 없다. 과거수익률과 아무런 구속력 없는 미래 투자계획뿐이다. 객관적이고 범용적인 펀드 평가 방법 같은 것도 당연히 없다. 허공에 떠 있는 구름의 크기를 엄지손가락을 사용해서 측량하는 느낌이다.

지금까지 나는 한방에 훅 지르는 펀드에 투자하는 것이 얼마나 어리석은 일인지 이야기했고, 이토록 많은 사람이 한심한 투자를 해서 손실을 보게 만드는 펀드 산업의 작동 원리에 대해 이야기했다. 그렇다면 펀드란 금융자산을 어떻게 보아야 할까? 이 타락한 금융상품에 침을 뱉고 발로 짓밟아 줘야 할까? ELS나 보험 같은 대체상품이 있으므로 과감하게 펀드는 쌩까고 다른 금융상품을 활용하는 것이 적절할까? 절대 아니다. 펀드는 ELS나 변액보험 같은 금융상품들에 비해 훨씬 더 안정적이고 저렴하며 장기적으로 우월한 투자 방법이다. 나는 이 부분에 대해 언제나 자신있게 이야기할 수 있다. 문제는 사용법이다. 펀드는 망치다. 재테크라는 거대한 건물을 견고하게 고정시키는 데 필수적으로 사용되어야 한다. 망치로 토마토 주스를 만들지 못한다고 망치를 탓할 수는 없다. 적절히 사용하는 방법을 배워야 하는 것이다.

퇴직연금은 재테크가 될 수 있을까
돈도 취하고 생색도 내는 방법

얼마 전 파산한 기업에 담보물건을 확보하러 갔던 한 은행원의 이
야기를 들었다. 사장은 연락이 두절된 지 오래였고 일자리를 잃은
노동자들은 분노한 나머지 붉은 머리띠를 두르고 공장을 점유하
고 있었다. 눈치가 없었던 그 은행원은 정장을 입고 은행 배지를 착
용한 채로 주차장으로 들어섰다. 담보물건을 확인하기 위해서였다.
그리고 자동차에서 내려 공장에 진입하는 순간 쇠파이프에 맞아 죽
을 뻔했다.

이는 배당 순위 때문이다. 대한민국의 공무원들은 기업이 파산하

고 청산에 들어갔을 때 누가 먼저 자신의 몫을 가져가는지에 대하여 매우 정교한 기준을 가지고 있다. 법이 노동자의 퇴직금을 보호해주는 기간은 3년에 불과하다. 이만큼의 기간에 대한 퇴직금은 노동자들이 최우선의 배당순위를 갖게 된다.

1순위: 필요비, 유익비

2순위: 3개월 임금, 3년 퇴직금, 소액 임차보증금

3순위: 당해 국세/지방세

4순위: 저당권, 확정일자 임차보증금, 일반 국세/지방세

5순위: 기타 임금

6순위: 일반 채권

법원은 파산한 기업의 공장과 지게차 같은 것을 경매로 처분하고 이 돈으로 3년 치의 퇴직금을 가장 먼저 배당한다. 문제는 3년을 초과하는 기간에 대한 퇴직금이다. 3년 치 퇴직금을 지급하고 남은 돈은 그다음으로 당해 국세/지방세를 메꾸는 데 사용한다. 그리고 남은 돈은 선순위 근저당권자인 은행에게 나누어 준다. 그리고

나서도 혹시 남은 돈이 있다면 그때야 노동자들은 자신의 몫을 배당받을 수 있지만 애석하게도 남은 돈이 여기까지 오는 경우는 거의 없다. 그 정도로 자산이 빵빵한 기업은 애초에 파산을 할 이유가 없었을 것이기 때문이다. 하루아침에 직장을 잃은 가련한 노동자들이 자신들의 퇴직금까지 잃었다는 사실을 알게 되고 이에 분노해 머리띠를 메고 공장을 점유했을 때 누가 그들을 비난할 수 있겠는가? 그러나 점유는 언젠가 끝날 수밖에 없다. 아무리 억울하다고 할지라도 말이다. 그 뒤에 남은 것은 냉정한 경매와 배당의 진행이다. 기업이 퇴직연금 제도를 도입해야 하는 것은 갑작스럽게 일자리를 잃은 노동자들이 퇴직금까지 떼이는 상황을 막기 위해서다.

여기서 퇴직연금과 퇴직금 제도의 차이를 간략하게 설명하는 것이 좋을 것 같다. 가장 큰 차이는 노동자가 퇴직을 했을 때 지급해야 할 재원을 기업이 어디에 적립하느냐다. 퇴직연금을 도입하는 기업은 노동자들에게 주어야 할 만큼의 돈을 회사 외부에(대부분은 금융기관의 신탁계정)에 적립해 둔다. 이 경우 회사가 망해도 소속 노동자들은 돈을 떼일 가능성이 크지 않다. 반면 퇴직연금을 도입하지 않은 기업은 언젠가 지급해야 할 퇴직금 추산액을 따로 모아 적립해 놓지 않는다. 기업의 회계 담당자는 장부에 나중에 직원들 퇴사하면 줘야 하는 부채가 얼만큼인지 적어놓기는 하지만 그만큼의 자산에 "이 돈은 나중에 직원들 퇴사하면 줘야 하는 돈이니 손대지 마세요"라고 못 박지는 않는다. 그러므로 기업은 아무런 제약 없이 퇴직금으로 지급해야 하는 돈을 경비로 가져다 사용할 수 있다. 그러므로 퇴직연금과 퇴직금, 이 두 제도가 만들어내는 가장 근본적인 차이는 이렇게 요약될 수 있다.

퇴직금 : 회사가 망하면 노동자는 퇴직금을 못 받을 수 있다.
퇴직연금 : 회사가 망해도 노동자가 퇴직금을 받을 가능성이 꽤 크다.

2017년 기준으로 퇴직연금 도입 대상 사업장 126만 개 중 실제로 퇴직연금을 도입한 사업장은 34만 개에 지나지 않는다. 도입률로 따지면 27.2%에 불과하다. 왜 이토록 많은 기업이 퇴직연금 제도를 도입하지 않을까? 이유는 세 가지다. 자금이 묶이기 때문이다. 퇴직연금 수수료가 나가기 때문이다. 퇴직연금을 도입하지 않더라도 아무런 제제가 없기 때문이다. 나는 이것이 입법부의 의지에 거스르는 행정의 한 사례라고 생각한다. 이런 상황이 가능하고 꽤 오래 지속될 수 있는 것은 퇴직연금의 권리를 주장해야 할 노동자들이 이 제도에 별로 관심이 없기 때문이다. 퇴직연금 제도가 도입되지 않은 기업의 노동자 대다수는 자신에게 적용되는 것이 어떤 제도인지도 모르는 경우가 태반이다.

이것은 조금 웃긴 상황이다. 왜냐하면 어떤 기업이 자금이 묶이는 것이나 수수료 때문에 퇴직연금 제도 도입을 망설인다는 것은 그만큼 그 기업이 재무 여력이 열위하다는 뜻이기 때문이다. 재무

여력이 열위하다는 것은 그만큼 노동자들이 고용주의 파산에 취약할 가능성이 크다는 의미다. 퇴직연금이 도입된 가장 큰 취지는 그런 취약한 지점에 놓인 노동자를 보호하기 위해서다. 그런데 정작 그 취약점에 있는 노동자들이 보호를 받지를 못한다.

하지만 어쩔 수 없다. 직원들이 간 크게 사장님에게 우리도 퇴직연금에 가입해 달라고 이야기할 수는 없는 것이니까. 그러나 임금노동자라면 최소한 퇴직연금 제도가 최악의 상황에서 자신의 권리를 어떻게 보호할 수 있는지는 알고 있어야 한다. 알고 있어야 지식이 의지가 되고, 표출될 수 있으며, 표출된 의지는 누적이 된다. 그래야 기업에 잉여 자원이 발생했을 때 그것이 퇴직연금 제도의 도입에 사용될 계기가 된다.

모두 좋자고 하는 퇴직연금

퇴직연금은 기업에도 도움이 된다. 가장 먼저 세금 혜택이 있다. 퇴직연금을 도입하고 재원을 적립하면 그만큼이 손금산입이 된다. 손금산입이란 기업이 받는 연말정산이라고 생각하면 된다. 기업은 퇴직연금 계정에 돈을 넣는 만큼 비례한 법인세가 줄어든다. 금액의 제한도 없다. 하지만 이 논리에는 한 가지 함정이 있다. 퇴직연금을 도입하지 않더라도 나중에 노동자가 퇴직해서 퇴직금을 지급하면 그만큼 손금산입 되기 때문이다. 조삼모사다. 전체적인 기간을 놓고 보면 세금 발생 금액에 큰 차이가 없다.

하지만 퇴직연금은 당장 올해 발생할 세금을 줄이는 효과가 있다. 앞으로 몇 년 후일지 모를 개별 노동자들의 퇴직연도에 귀속될 세금 절감액을 떼어와 올해 세후 이익을 늘리는 데 사용할 수 있다는 말이다. 즉 5년이나 10년 후 내 후임자 임기에 인식될 세금 절감액을 떼어와 올해 내 임기 동안 끌어다 사용해서 내 성과를 개선할 수 있다. 윗목의 돌을 빼서 아랫목 괴는 형국이지만, 뭐 다들 오늘 하루 사는 거 아닌가? 말단 사원이나 최상위 경영자나 말이다. 게다가 이런 재무활동은 꼼수도, 탈세도 아니다. 세상에 존재하는 모든 세무사와 회계사는 이 방식이 더 정당하고 회계 목적에 부합한 경영방식이라고 이야기할 것이다.

게다가 때때로 기업은 일회성 수익이라는 잭폿을 맞기도 한다. 이 경우 수익이 많이 나서 행복하지만 그만큼의 법인세가 붙는다. 이때 세금을 절감하기 위해 미래의 세금 절감액을 떼어와 올해 사용하는 것은 기업을 경영하는 사람이라면 한 번쯤은 고민할 법한 옵션이다. 사원들이 모두 모인 자리에서 그동안의 노고에 감사드린다고, 약소하지만 모두를 위해 우리도 퇴직연금 제도란 것을 도입했다고 이야기한다면 얼마나 마음이 뿌듯할까? 만약 이런 일이 생긴다면 사장님께 감사하다고 꼭 문자를 보내도록 하자.

퇴직연금 도입을 통해 대출 금리를 할인받을 수도 있다. 아마 많은 사람이 재무팀에서 "퇴직연금 사업자를 바꿀 것이니 동의하는 서류에 사인해서 점심시간 이전에 제출하라"는 말을 들어본 적이 있을 것이다. 이런 일이 꽤 자주 일어나는 것은 퇴직연금과 대출이 패키지로 진행되는 경우가 많기 때문이다. 기업은 퇴직연금을 도입함으로써 대출 이자를 절감할 수 있다. 퇴직연금을 도입한 기업은 은행에서 대출을 받을 때 더 낮은 대출 금리를 적용받는다. 거액 대출 취급의 후행 조건이 퇴직연금 제도 도입이나 다른 금융기관에 가지고 있는 퇴직연금을 모두 이전해 오는 경우인 것도 많다. 이런 현상이 발생하는 것은 모든 은행과 증권사, 보험사가 퇴직연금 잔액 증대를 위한 피 말리는 경쟁을 하고 있기 때문이다. 그러므로 이 기회를 적절히 이용하면 기업은 퇴직연금을 통해서 더 낮은 대출 금리를 적용받을 수 있다.

지금까지 기업이 퇴직연금 제도를 통해서 얻을 수 있는 혜택들을 알아보았다. 하지만 이 모든 혜택은 단 하나의 제약에 의해 무력화된다. 기업의 자금이 묶이는 것이다. 기업에게 있어서 자금은 말 그대로 피와도 같다. 퇴직연금 제도를 도입하면 그만큼의 자금이 묶여서 기업의 성장에 사용할 수 없다. 급격한 대외 변수와 경쟁에 그만큼 취약해진다.

퇴직연금 도입이 어려운 이유가 바로 이것이다. 가뜩이나 자금 사정으로 어려운 기업이 직원들의 퇴직금 재원을 미리 묶어놓아야 하는 것이다. 한번 묶어놓으면 다시 꺼내거나 돌려받아 쓸 수 없다.

부자들은 모두 은행에서 출발한다

이에 더해 기업은 매년 퇴직연금 수수료를 지급해야 한다. 어떻게 생각하면 많은 기업이 퇴직연금 제도를 도입하지 않았다는 사실보다 꽤 많은 기업이 퇴직연금을 도입했다는 사실이 더 놀라울 정도다. 그 기업은 어떤 이유에서건 직원의 복지, 퇴직금 재원의 확보라는 차원에서 많은 투자를 한 것이기 때문이다.

이렇게 어렵게 도입된 퇴직연금 제도가 적절히 사용되지 못하는 경우도 굉장히 많다. 가장 한심한 부분은 퇴직연금 적립액의 88.1%가 예금 같은 원리금 보장형 상품으로 운영된다는 것이다.

결국 퇴직연금에 관련된 가장 중요한 질문은 이것이다. 4~6% 정도로 장기 수익률을 만들어 내는 것이 가능할까? 가능하다. 퇴직연금이기 때문이다. 퇴직연금이시기 때문이다.

다시 벽을 기어오르는 일

몇 년 전 예비군 훈련에 참석한 기억이 난다. 은퇴한 장군이 강사로 초빙되어 이런저런 안보교육을 했다. 북한과 핵무기와 화생방 공격에 대한 진부한 이야기가 끝도 없이 이어졌다. 내 인생 가장 지루한 시간이었지만 그 순간이 지금도 기억나는 이유는 그가 강의의 말미에 던진 한 단어 때문이었다. 그는 졸고 있던 나와 내 옆의 수많은 예비군을 향해 이렇게 이야기했다. 너희는 '나약한 신세대 장병'이라고.

조금은 이상한 주장이었다. 은퇴한 장군은 자기 자신이 강인한 기성세대라고 생각했던 것일까? 그가 죽었다 깨어나도 나에게 이길 수 없는 것들이 분명 있다. 2020년에 펼쳐지는 취업, 진학, 연애 같은 분야에서 그가 80년대 생이나 90년대 생들과 경쟁할 수 있을까? 아닐 것이다. 그가 20대로 다시 태어나 이 시점에 떨어진다고 할지라도 대부분의 경쟁에서 산산이 부서지는 쪽은 은퇴한 장군일 것이다. 2020년 인류 진화의 주기는 한 세대가 아닌 10년 단위로 작동하는 중이다.

그런데도 장군은 나와 나의 세대 전체를 포괄해서 나약한 신세대 장병이라는 꼬리표를 붙여주었다. 이것이 가능했던 이유는 단한 가지다. 특권이다. 그에게 군인연금과 전역 장군이라는 특권이 있었다. 그에 비해 당시 20대의 나에게는 특권이랄 게 아무것도 없었다. 당시 나는 아르바이트를 하며 월 50만 원을 벌고 있는 취업준비생에 불과했다. 정말이지 내가 제출하는 이력서와 자기소개서는 모두 추풍낙엽처럼 떨어지기만 했다. 그때나 지금이나 취업의 문은 좁고도 가혹했다. 나와 내 주변의 많은 예비군 모두 마찬가지였다. 군복을 입고 훈련장에 앉아 있던 예비군 대다수는 보잘것없는 사람이었다.

나는 은퇴한 장군이 가지고 있던 특권이 일종의 '경제적 지대'였다고 생각한다. 경제적 지대는 안락하고 따뜻한 무언가로, 군인연금과 전역 군인 특권 정도에 국한되지 않는다. 이것은 누군가 선점하고 독점해 버린 기회, 고위 공직자가 친구에게 청탁하는 자녀 취업, 세법을 우회하여 편법으로 상속된 거액의 자산, 불공정하게 진행되는 사내 정치 게임, 30대에 상무로 진급한 재벌 3세, 앞으로 40년간 숨만 쉬고 돈을 모아도 살 수 없는 아파트 같은 것을 모두 포괄하는 개념이다.

경제적 지대는 높고 견고한 벽에 둘러싸여 있다. 이 벽은 보이지도 않고 만질 수도 없다. 그 누구도 이 존재를 공공연하게 이야기하지 않는다. 그러나 벽은 존재한다. 사회초년생들이 절망하는 때는 바로 이 벽을 처음 마주한 시점이다. 이들은 자신이 마주한 것이 벽이라는 것을 인식조차 하지 못한다. 이들은 순진하게도 정문을 지나 경제적 지대 안으로 입성하려고 하지만 실패한다. 이들은 멱살이 잡힌 채 끌려나와 패대기쳐진다. 고통 속에서 꿈틀거리는 이들에게 경제적 지대는 이야기한다. 너는 나약해서 안 된다고.

그러나 솔직히 말할까? 은퇴한 장군이 강인한 것이 아니었듯 당신 또한 나약한 것이 아니다. 그냥 벽이 너무 높고 계속 높아지고 있다. 벽이 높은 만큼 지금 당신의 위치에서 벽 안으로 진입할 방법이 전혀 보이지 않을 것이다. 때때로 땅바닥에 패대기쳐진 아픔보다, 영원히 저 벽을 넘어 진격할 수 없을지도 모른다는 사실이 더 아프게 느껴질 것이다. 나 또한 그것이 더럽게 아팠다.

쓴웃음이 난다. 나는 재테크에 대한 글을 쓰고 있고, 은행에서 일하고 있으며, 돈을 모으고 운용하는 방식에 누구보다 많은 관심이 많다. 그리하여 나는 300억대 자산을 어떤 방식으로 관리해야 하는지 알고 있다. 그런 돈을 가진 이들을 위한 이상적인 자산 관리 방법을 알고 있다. 하지만 이런 지식은 내게 별로 가치가 없다. 왜냐하면 앞으로 내가 300억대 자산을 관리할 일이 없을 것이고, 300억대 자산가 정도 되면 굳이 내가 아니어도 나보다 더 똑똑한 누군가의 조언을 받고 있을 것이며, 그 정도 자산가라면 투자를 좀 잘못해서 손실이 나거나 수익률이 낮다고 하더라도 삶에 치명적인 타격을 입을 일이 없기 때문이다. 게다가 부자를 위한 자산 관리 노하우나 조언은 세상천지에 넘쳐난다. 그 하나하나가 주옥처럼 반짝거린다. 그러므로 내가 그 주제에 대해 가지고 있는 지식은 아무런 가치가 없는 것이다.

나는 벽 아래 버려진 보통 사람들을 위한 이야기를 쓰고 싶었다. 선택의 여지는 없다. 앞으로 내가 은행에서 일하면서 마주쳤고 앞으로 마주할 사람들의 95%가 이들일 것이기 때문이다. 내 글을 읽는 사람의 95%가 이들일 것이기 때문이다.

이들은 누군가에게 제대로 된 재무적 조언을 받은 적이 전혀 없을 것이고, 그로 인해 개떡 같은 포트폴리오를 가지고 있는 경우가 태반일 것이다. 이런 개떡에서 발생하기 마련인 손실에 이들은 철저하게 무방비한 상태다. 약간의 시작 하락에도 치명적인 타격을 입은 채 피를 토하게 되는 것이다. 경제적 여유를 누리는 이들보다 더 약한데 더 무지하고, 그래서 언제나 더 손해를 본다. 이 책은 내가 벽을 기어오르는 동안 발견한 이야기들이다. '95%의 사람들이 할 수 있는 최선의 재테크는 무엇인가?'라는 질문에 대한 나의 대답이다.

이 책의 마지막에서 나는 말하고 싶다. 당신은 나약하지 않다. 다시 한번 벽을 기어오르는 것이다. 저축하자. 당신에게 영감을 주는 것들과 당신이 가진 가능성에 계속 베팅하자. 당신이 만들어낸 모든 작은 성취가 발판이 되어줄 것이다. 그것이 자본이다. 아무리 미미하다 하더라도 나만의 자본이 있어야 한다. 이것이 게임의 시작이다. 벽은 높지만 무한하지는 않다.

이제 나는 벽을 넘어 안정적인 경제적 지대로 입성하는 것이 불가능하다고 생각하지 않는다. 내게는 단단한 종잣돈이 있고, 검소한 삶이 있고, 좋아하는 일이 있다. 오래된 운동복처럼 나는 이것들이 내 몸의 일부처럼 느껴진다. 나는 이 옷을 입고 남은 벽을 부수고 들어가 가장 안락한 곳에 자리를 잡을 생각이다. 그곳에 누워 나는 아주 오랫동안 몸을 녹일 생각이다.

언젠가 그곳에서 당신과 만날 수 있기를 바란다.

부자들은 모두 은행에서 출발한다

참고한 책

- 나심 니콜라스 탈레브, 《블랙 스완》, 동녘사이언스, 2018년 4월
- 데이비드 바크, 《자동 부자 습관》, 마인드빌딩, 2018년 9월
- 데이비드 스웬슨, 《포트폴리오 성공 운용》, 미래에셋투자교육연구소, 2010년 4월
- 로버트 기요사키, 《부자 아빠 가난한 아빠》, 민음인, 2018년 2월
- 로버트 실러, 《새로운 금융시대》, 알에이치코리아, 2013년 11월
- 마크 맨슨, 《신경 끄기의 기술》, 갤리온, 2017년 10월
- 마크 맨슨, 《희망 버리기 기술》, 갤리온, 2019년 9월
- 브라이언 크리스천, 《알고리즘, 인생을 계산하다》, 청림출판, 2018년 3월
- 안토니오 다마지오, 《데카르트의 오류》, 눈출판그룹, 2017년 11월
- 앨리스 슈뢰더, 《스노볼》, 랜덤하우스코리아, 2009년 11월
- 엘로이 딤슨·폴 마시·마이크 스톤튼, 《낙관론자들의 승리》, 미래에셋투자교육연구소, 2009년 9월
- 엠제이 드마코, 《부의 추월차선》, 토트, 2013년 8월
- 이중희, 《펀드매니저 투자의 비밀》, 지식공감, 2014년 2월
- 제러미 시겔, 《주식에 장기 투자하라》, 이레미디어, 2015년 6월
- 조던 B. 피터슨, 《12가지 인생의 법칙》, 메이븐, 2018년 10월
- 존 보글, 《승자의 게임》, 연암사, 2010년 2월
- 캐빈 루스, 《영 머니》, 부키, 2015년 3월
- 피터 틸, 《제로 투 원》, 한국경제신문, 2014년 11월
- 팀 페리스, 《타이탄의 도구들》, 토네이도, 2017년 4월
- 한스 로슬링, 《팩트풀니스》, 김영사, 2019년 3월
- KB경영연구소 고객연구팀, 〈2019 한국 부자 보고서〉

부자들은 모두
은행에서 출발한다

1판 1쇄 인쇄 2020년 6월 15일
1판 1쇄 발행 2020년 6월 24일

지은이 B형 은행원(한일섭)

발행인 양원석 **편집장** 박나미 **책임편집** 이정미
디자인 이은혜, 김미선 **영업마케팅** 조아라, 신예은, 김보미

펴낸 곳 ㈜알에이치코리아
주소 서울시 금천구 가산디지털2로 53, 20층 (가산동, 한라시그마밸리)
편집문의 02-6443-8827 **도서문의** 02-6443-8800
홈페이지 http://rhk.co.kr
등록 2004년 1월 15일 제2-3726호

ISBN 978-89-255-4067-2 (03320)